당신은 하나님을 오해하고 있습니다

당신은
하나님을
오해하고 있습니다

유석경 지음

규장

하나님은 사랑이시라

요한일서 4장 16절

저자인 유석경 전도사님의 노트북 안에서 찾은 이 시는 중간중간 '/'로 나뉘어진 것으로 보아 찬양곡으로
만드시려고 했던 것 같다. 그녀의 목소리로 이 찬양을 들어볼 수 없는 것이 아쉽기만 하다. _편집자 주

주님께로 돌아갑니다

저 힘들지만 행복합니다
저 고통 중에도 살아 있음이
감사하고 또 감사합니다
주님께로 돌아갈 수 있기에

주님 기다려주심 감사합니다
주님께 돌아갈 때까지
하루하루 제 생명을 연장하여주심 감사합니다
저 주님께로 돌아갑니다
저 주님 품에 지금 안깁니다
주님의 완전한 사랑의 품에

저 어려워도 만족합니다
다시는 고통 없는 부활의 약속
감사하고 또 감사합니다
주님께로 돌아갈 수 있기에

주님 기다려주심 감사합니다
주님께 돌아갈 때까지
하루하루 제 생명을 연장하여주심 감사합니다
저 주님께로 돌아갑니다
저 주님 품에 지금 안깁니다
주님의 완전한 사랑의 품에

그리스도인이여, 이렇게 사십시오

우리는 보통 암에서 치유받은 기적들을 주목합니다. 그러나 암에 걸린 것을 진심으로 감사하는 이를 본 일이 있습니까? 그리고 인생의 남은 시간을 오직 전도에만 올인한 분을 본 일이 있습니까? 여기 그렇게 짧은 인생을 살다가 간 진짜 기적의 사람이 있습니다. 이 척박한 시대에도 이런 기적이 존재함을 증명하고 간 사람이 있습니다.

유석경 자매, 유석경 전도사의 삶이 바로 그런 기적의 삶이었습니다. 그녀의 모친은 전도사로, 부친은 교회 건축의 현장을 지휘하던 저의 동역자였습니다. 그런데 부친이 갑작스런 암으로 홀쩍 떠나더니 그의 딸도 신학을 공부하다 홀쩍 떠났습니다.

처음에 저는 신실한 헌신자의 가정에 이것이 웬 불행이냐고 생각했습니다. 그런데 그녀의 투병과 죽음은 온 교회의 생각을 바꾸었습니다. '아! 그리스도인은 이렇게도 살 수 있고, 이렇게도 죽을 수 있구나!' 아니, '그리스도인은 이렇게 살아야 하겠다'는 메시지를 남긴 것입니다.

짐 엘리엇의 순교가 가져온 선교의 새로운 물결처럼, 이 작고 아름다운 복음의 꽃이 한국교회의 척박한 광야에 피어나 우리에게 성도의 존귀한 죽음, 그리고 전도의 준엄한 소명을 일깨울 소망을 기다립니다. 한국교회에 희망이 없다고 말하는 모든 분들에게 이 책의 일독을 권하고 싶습니다. 특히 이 땅의 방황하는 젊은이들에게 이 책을 읽고 인생을 생각하라고 권하고 싶습니다.

이 책을 덮는 순간, 이 책을 손에 잡은 모든 이들은 더는 전과 같은 사람일 수 없습니다.

이동원 _ 지구촌교회 원로목사

'생명, 전도, 기쁨'의 화신

유석경 전도사님을 생각하면 세 단어가 떠오릅니다. 생명, 전도, 기쁨. 저자는 말기암이라는 육체의 극심한 고통 속에서도 한결같이 이렇게 외쳤습니다.

"오늘의 생명을 주신 주님께 감사하라!"

"주님이 주시는 기쁨은 영원하다!"

"나는 전도할 때가 가장 행복하다!"

나는 유 전도사님과 함께 한 학기 동안 "행복한 전도"라는 주제로 강의한 적이 있습니다. 그녀는 주님이 주시는 능력으로 일어나 메시지를 전하며 이 땅에서 자신의 마지막 인생을 불꽃같이 태워냈으며, 한 영혼을 향한 긍휼의 마음을 풍성하게 흘려보냈습니다. 복음의 열정이 식어져 있는 자들의 가슴마다 불을 지폈습니다. 신앙 생활의 기쁨을 잃어버린 자들이라도 그녀 앞에서는 기쁨을 회복할 수밖에 없었고, 그녀를 만나는 사람마다 예수 그리스도 앞으로 나아오는 역사를 보게 되었습니다.

지금 유 전도사님은 하나님 아버지의 품에서 안식하고 있습니다. 하나님의 생명과 기쁨으로 충만했던 그녀를 만나보고 싶습니까? 이 책 속으로 들어가십시오! 그녀의 숨소리, 그녀의 목소리를 만나게 될 것입니다. 당신이 잃어버렸던 기쁨과 감사의 물줄기가 다시 흐르게 되고, 복음 안에서 차고 넘치는 생수의 강을 경험하게 될 것입니다.

진재혁 _ 지구촌교회 담임목사

삶과 죽음으로 증명한 복음의 능력

최근 우리 부부는 젊은 형제를 천국으로 보냈습니다. 쉽지 않은 암투병 기간을 함께하면서 조금이라도 도와주고 싶어서 암과 관련한 책을 읽고 자료를 조사했습니다. 그러던 중 말기암 환자인 유석경 전도사를 알게 되어 그녀의 설교와 강의를 전부 들었습니다.

죽음 앞에서 담대히 복음의 능력을 삶으로 증명하는 모습과 함께 깊이 연구하고 체득한 진리가 선포될 때마다 마음이 뜨거워졌습니다. 나와 함께 있던 청소년 아들이 무릎을 꿇고 거실 바닥에 엎드릴 정도로 강력한 메시지였습니다.

나는 유석경 전도사님이 목숨 바쳐 외쳤던 복음 설교가 더 많은 사람들에게 들려지기를 간절히 바랐습니다. 그래서 이 원고를 받자마자 그 자리에서 단숨에 읽었습니다. 강의를 들었을 때의 전율이 글의 한 절 한 절에서 다시금 밀려왔습니다. 암 선고, 두려움, 곡해와 오해의 시선, 통증 그리고 죽음. 이 모든 상황에서 그녀는 평안과 기쁨을 누리고, 감사와 소망을 말하며, 믿음과 사랑을 노래합니다. 하나님을 오해하지 말고 그분의 완전한 사랑을 누리며 살아야 한다고 우리에게 외칩니다. 나는 그녀에게서 복음의 능력을 보았습니다. 어떤 상황과 환경에서도 진리를 택하는 힘이 복음의 능력입니다. 유석경 전도사님의 삶과 죽음은 그것을 우리에게 증명했습니다.

우리 부부에게 가족 같았던 한 형제의 암투병 과정을 지켜보는 것은 말할 수 없는 고통이었습니다. 그러나 유석경 전도사님이 증거하는 메시지에서 큰 위로를 받고 그를 편안하게 천국에 보낼 수 있었습니다. 날마다 하나님 안에서 살아 숨 쉬는 이유를 찾고 복음의 능력을 경험하기 원하는 모든 분에게 이 책을 적극 추천합니다.

박현숙 _YWAM 국제 대학사역 어드바이저, 《하나님 아이로 키워라》 저자

잠들어가는 이 시대를 깨우는 메시지

유석경 전도사님의 유고집 출간 소식을 듣고 가장 먼저 "그가 죽었으나 그 믿음으로써 지금도 말하느니라"(히 11:4)라는 말씀이 떠올랐습니다. 아름다웠던 그녀가 화구에서 몇 조각의 유골이 되어 나왔을 때, 마구 분쇄되어 한 줌의 가루가 될 때, 유골함에 담겨져 추모관에 안치되는 것을 볼 때 참 많이 슬펐습니다. 더 슬픈 것은 더는 참된 복음의 증인의 삶을 보지 못하고, 그 메시지를 듣지 못한다는 것이었습니다. 그런데 원고를 읽으며, 그녀는 세상을 떠났지만 그 믿음을 통해 지금도 말씀하고 계신 하나님을 만날 수 있었습니다.

나는 그녀가 암과 동행하는 시간 동안 함께 생활하며 암환우들을 돕는 사역을 하는 축복을 누렸고, 그녀의 삶과 죽음을 가까이에서 보았습니다. 그녀가 떠날 때 '한 사람 안에 이렇게 많은 재능을 주시

고, 그 재능들을 다 사용하기도 전에, 그 재능을 다른 사람에게 양도해줄 수도 없게 어떻게 이렇게 데려가실 수가 있나?' 하는 생각에 거듭 "왜?"라는 질문을 던졌습니다.

하나님께 드려지는 제물은 주로 흠 없는 1년생이었기에 다른 짐승들보다 일찍 죽어야 했지요. 하나님께서는 자신의 삶으로 더 나은 산제사를 드리는 저자를 너무 사랑하셔서 다른 사람보다 먼저 당신의 집으로 초대하셨다는 것을 알게 되었습니다.

좋은 책과 메시지들은 많이 있지만 그 메시지와 온전히 일치한 삶을 사는 사람을 찾아보기는 쉽지 않습니다. 극단적인 상황에 처하면 자신의 진짜 모습이 드러나게 마련인데, 저자는 말기암의 극심한 고통 가운데서도 한 치의 흔들림 없이 자신이 믿고 선포한 메시지대로 살며 치열하게 복음을 증거하다가 하나님 곁으로 갔습니다.

이 책은 그리스도인이 어떻게 살아야 할지, 고통 가운데 하나님은 어디에 계시고 또 어떻게 동행하시며 영광을 받으시는지, 더불어 인간이 어떤 존재인지 좀 더 잘 알게 해줍니다. 지나치게 현실적이 되며, 잠들어가는 이 시대의 모든 그리스도인을 향해 자신의 삶과 메시지를 통해 남긴 저자의 유언과 같은 메시지가 담긴 이 책을 꼭 정독하기를 강력하게 권유합니다.

신갈렙 _ 사단법인 BTC와 '암환자의 친구들' 대표, 《하늘기업가 비즈너리》 저자

매 순간 내 안의 주님을 나타낸 삶

그녀는 불꽃같이 생의 마지막 날들을 온전히 태워 하나님께 바친 그분의 딸이었습니다. 유석경 전도사님을 처음 만난 것은 2013년 7월 19일, 브라질 선교사인 제가 하나님의 뜻을 따라 고국에서 내적치유

세미나를 처음 열었던 날이었습니다. 3일 내내 누워서 강의를 듣고 하염없이 울던 자매님은 마지막 날 밤 기도사역을 통해 하나님께 사명을 받았습니다. 그 후 병원 치료 대신 복음 증거의 길을 선택하고 3년 가까이 꺼져가는 생명을 부여잡고 극심한 고통 중에도 전국의 많은 곳을 다니며 복음을 전하고 기도사역을 하며 사람들의 영혼을 영원한 죽음에서 건져내었습니다.

유석경 전도사님은 제가 아는 누구보다 복음에 간절했고 잃어버린 영혼을 안타까워하며 거기에 모든 것을 걸었습니다. 투병 중에 말씀을 전하며 푼푼이 모아주신 헌금이 제가 브라질에서 섬기고 있는 마약중독 노숙자들의 첫 담요가 되어 따뜻한 사랑으로 덮였습니다.

제자이자 친구이며 기도의 동역자였던 전도사님은 선교사인 저에게도 잊을 수 없는 사랑의 메신저였습니다. 전도사님의 모바일 메신저 첫 페이지에는 "매 순간 내 안에 그분이 사시는 삶이 되기를…"이라는 글이 씌어 있었습니다. 그녀의 마지막 발자취들은 그 간절한 소원이 실제가 되었음을 보여주었습니다.

전도사님은 먼저 하늘로 갔지만 그 영혼으로 외쳤던 메시지는 우리의 잠자는 신앙을 통째로 흔들고 깨워줄 것입니다. 그리고 마침내 부활의 그날, 얼마나 아름다운 모습으로 만나게 될지 기대됩니다. 올해 1월에 전도사님의 집에 찾아가 마지막 예배를 드리며 함께 불렀던 〈하늘 소망〉이라는 찬양이 아직도 제 가슴에 쟁쟁합니다. 그렇게 전도사님은 제가 부활의 날을 기다리는 또 하나의 이유가 되었습니다.

윤존선 _ YWAM 300 SP 브라질 베이스 책임자, 선교사

주님을 사랑하는 데 모든 것을 드린 사람

모든 사람들은 시한부와 같은 인생을 사는 자들입니다. 그럼에도 많은 사람들은 좀 더 오래, 그리고 좀 더 건강하게 살다 가는 것을 복이라 생각합니다. 그러나 성경은 건강하고 오래 사는 것이 아닌, '하나님께서 정해주신 인생을 어떻게 살았는지'를 가지고 복을 평가합니다. 그런 의미에서, 비록 다른 이들보다 짧은 인생을 살았지만, 누구보다 아름답고 복된 삶을 살다 간 하나님의 사람이 있습니다. 바로 유석경 전도사님입니다.

좋은 친구였던 그녀를 만나고 알게 된 것은 제게 너무도 소중한 추억입니다. 그녀는 극심한 고통 속에서도 복음을 전했고, 하나님께서 자신에게 허락하신 모든 상황에 감사했습니다. 그녀가 이렇게 감사하고 행복해할 수 있었던 것은 하나님나라에 대한 분명한 소망이 있었기 때문입니다. 그녀는 자주 "주님을 사랑하는 데 있어 나의 모든 것을 다 드려도 너무나 모자라요"라고 얘기하곤 했습니다.

그녀가 요양하고 있을 때 오륜교회 새벽이슬 청년들(35~45세 청년부서)과 자주 방문을 했었는데, 그때마다 우리를 반기던 그녀의 빛난 얼굴을 잊을 수가 없습니다. '아, 하나님나라를 소망하는 이의 얼굴은 바로 저런 모습이겠구나!'라는 생각이 들 만큼 빛이 났습니다! 죽어가는 육체를 안고 살아가면서도 복음 전하는 것을 가장 큰 가치로 여겼던 그녀의 이야기는 이 시대를 살아가는 우리 모두의 마음을 다시금 새롭게 하는 진한 감동으로 다가올 거라 확신합니다.

김현 _오륜교회 부목사

복음이 진짜임을 증명한 하나님의 사람

유석경 전도사님은 저와 제가 있는 공동체에 주님이 주신 특별한 선물이었습니다. 2014년 5월, 전도사님과의 첫 만남 이후 전도특강, 세미나, 수련회, 새생명 축제, 중고등부와 청장년 예배까지, 연약한 몸을 이끌고 부산까지 수차례 오셔서 말씀으로 섬겨주셨습니다. 그녀의 설교와 삶을 가까이에서 보고 들으며 한마디로 '진짜구나. 복음이 진짜구나'를 연발하게 한 그녀는 '하나님의 사람'이었습니다.

전도사님이 너무 보고 싶어서 청년들과 함께 2016년 3월 1일 댁으로 방문했습니다. 고통으로 씨름하시던 전도사님은 우리에게 생전 마지막 설교인 '고난 중에 기뻐하라'(롬 5:1-5)라는 말씀을 전해주셨습니다. 살아 있는 사람이라고 볼 수 없는 여윈 몸, 정확하지 않은 발음이었지만, 그 설교는 우리 인생 최고의 설교였습니다.

말씀과 삶이 하나로 연결되는 설교자가 그리운 시대입니다. 유석경 전도사님은 "내가 달려갈 길과 주 예수께 받은 사명 곧 하나님의 은혜의 복음을 증언하는 일을 마치려 함에는 나의 생명조차 조금도 귀한 것으로 여기지 아니하노라"(행 20:24)라는 말씀 그대로 살고, 또 죽으셨습니다. 전도사님은 정말 복음 안에서 매력적인 삶을 살았습니다. 이제는 우리의 안위를 걱정해야 합니다. 전도사님은 불꽃처럼 자신의 삶을 태우고 살다 갔지만, 주님께 갈 날을 알지 못하는 우리는 많은 시간을 허비할 수 있기 때문입니다. 남은 인생, 후회 없이 살길 원하는 분들에게 이 책을 추천합니다. 전도사님의 설교는 한 편 한 편이 생명과 맞바꾼 것들이기에 우리의 삶을 뒤흔들기에 충분합니다.

이기척 _ 영안침례교회 청년부 담당목사

구령의 열정을 한국교회에 전하다

10년이 되어가는 미국 신학교 유학 기간 동안 저에게 가장 큰 영향을 준 사람은 유명한 학자나 교수님들이 아니라, 석경 언니였습니다. 저는 구령의 열정으로 가득한 언니를 만나고 너무도 기뻤습니다. 자신이 구원받은 이야기를 나눌 때면, 오늘 처음 복음을 듣고 주님을 만난 사람처럼 늘 감격하며 눈물을 흘리던 언니를 기억합니다.

언니는 참으로 한 영혼을 깊이 사랑하는 사람이었습니다. 아무리 바쁜 중에도 본인이 할 수 있는 일이라면 다른 이들을 돕는 데 주저하지 않았습니다. 이런 삶의 태도는 언니가 아프고 극심한 통증 가운데 있을 때에도 변하지 않았습니다. 암환자 요양센터에 있을 때에도 주위 환우들을 위해 기도하고 전도하는 일을 쉬지 않았습니다.

또한 언니는 열정의 사람이었습니다. 대학 때 불어를 전공하면서도 주님이 부르시면 언제, 어디라도 갈 수 있도록 다른 언어 몇 가지를 함께 익혔습니다. 암 판정을 받고 나서도, 주님이 부르시기만 하면 브라질에 선교사로 가고 싶다며 포르투갈어를 혼자 공부했습니다. 그리고 언니의 상태가 악화되어 몸을 움직이기 힘들었던 서너 달을 제외하고는 거의 매주 청함을 받은 교회에 가서 말씀을 전했습니다. 주님이 오늘 하루 생명을 주셔서 생명의 복음을 전할 수 있게 하셨다면 단 한 영혼을 위해서라도 말씀을 전하러 간다고 했던 언니를 기억합니다.

언니가 소천하기 일주일 전쯤 마지막으로 제게 불러주었던 찬양이 있습니다. 크게 숨을 쉬기도 어려웠고 정확한 발음을 하기도 어려워진 상황이었는데, 그날은 전화기 너머로 크고 분명하고 너무도 아름다운 소리로 찬양하던 언니를 기억합니다.

이제는 내가 없고 오직 예수님만
내 안에 살아 계신 오직 예수님만
찬양하며 살리라 예배하며 살리라
내 안에 계시는 오직 예수님만

언니 안에 예수님만 살아 계셔서, 더는 언니가 이 땅에 있을 필요가 없어졌는지, 일주일 후에 언니가 홀쩍 천국으로 떠났습니다. 더는 고통과 눈물이 없는 곳에서 주님과 온전한 연합을 이루고, 얼굴과 얼굴을 대하여 주님을 알고, 주님의 사랑 안에서 그분을 찬양하고 예배하는 영원한 삶을 살기 위해….

이 책은 그렇게 주님을 뜨겁게 사랑했고, 복음을 듣지 못한 이들에게 영원한 생명을 전하려는 열정으로 가득했던 언니가, 상상할 수 없는 통증을 하루하루 견디면서도 생명을 연장받아 한국교회에 외치고 싶었던 메시지를 담고 있습니다. 주님을 향한 깊은 사랑과 주님이 사랑하시는 영혼을 향한 진실한 마음이 녹아 있는 이 책의 일독을 권합니다.

김아윤_친구, 시카고 트리니티신학대학교 구약학 박사과정

나의 작음을 알고
그분의 크심을 알게 되다

암 덩어리가 커져서 튀어나와 육안으로 보이고 손으로 만져지게 된 지 1년 2개월. 지금은 하루가 다르게 암 덩어리가 커져서 갈비뼈를 바깥으로 밀어내어 뼈가 다 휘었다. 이렇게 고통스러운데도 죽지 않고 살아있다는 게 신기할 정도로 고통이 극심하다.

그런데 더 신기한 것은 고통이 심해져갈수록 더욱더 감사하게 된다는 사실이다. 물론 암에 걸리기 전에도 구원의 감격과 하나님의 사랑에 대한 감사는 늘 내 마음속에 있었다. 그러나 아프고 난 후에는 전혀 다른 차원의 감사하는 마음이 전혀 다른 깊이로 내 안에 가득 채워지게 되었다.

어릴 때부터 이해하기 힘든 성경구절이 몇 개 있었다. 그중 하나가 데살로니가전서 5장 18절 "범사에 감사하라"였다. 이 말씀을 읽을 때마다 '어떻게 모든 일에 감사할 수 있단 말인가? 실제로 그것이 가능한가?' 하는 생각이 들었다. 특히 아버지께서 돌아가셨을 때 이 말씀이 나를 힘들게 했다. 아버지는 췌장암으로 옆에서 보고만 있어도 손가락이 오그라들 정도로 극심한 고통 속에서 돌아가셨다. 그런데 이것을 감사해야 하다니…. 모든 성경 말씀에 순종해야 하는 것을 알지만, 이 구절은 나에게 정말 힘든 말씀이었다.

그런데 아프고 나서 알게 되었다. 하나님께서 우리가 할 수 없는 일들은 명령하지 않으신다는 것을. 성경의 모든 말씀은 진리이다. 우리는 그 모든 말씀에 순종해야 하며, 순종할 수 있다. 하나님께서는 순종이 불가능한 명령은 하지 않으신다. 우리의 눈에 그 순종이 불가능해 보이는 것은 어려워 보이고 힘들어 보여서 우리가 순종하기 싫기 때문이다. 나도 그랬다. 아버지께서 돌아가셨을 때 감사할 수 없었던 게 아니라 감사하기 싫었던 것이다.

그러던 내가 암에 걸리고 죽음에 직면하게 되자 이 데살로니가전서 5장 18절 말씀에 순종하게 되었다. 달리 어떤 노력도 하지 않았다. 내가 언제 죽을지 모른다는 사실을 지식적으로 늘 인지하고 살고 있었음에도 불구하고, 그 죽음이 현실이 되고 이제 곧 죽어서 주님을 만나 뵌다고 생각하니 구원이라는 것이 다른 의미로 내게 다가왔다. 나를 구원하시기 위한 주님의 사랑과 희생이 전과는 전혀 다른 깊이로 깨달아졌다.

내 모든 더러운 죄가 주님의 십자가의 보혈로 다 씻어졌고, 그 은혜와 사랑 때문에 나는 영원히 천국에서 그분과 함께 살 것이기에 나는 죽음을 두려워할 필요가 없다는 그 사실 하나만으로도 내 안에 감사가 넘쳐났다.

내 안에 감사가 넘쳐나게 되어, 내 삶을 돌아보니 정말 감사할 일밖에 없었다. 왜 이전에 이렇게 감사하며 살지 못했는지 이상하게 느껴질 정도로 모든 일에 감사하게 되었다.

2014년 12월 19일, 호흡이 멈췄다.

통증이 너무 심해서 '이제 정말 죽는 거구나' 생각한 적은 전에도 있었지만, 실제로 호흡이 멈춘 적은 없었다. 그런데 그날은 숨을 전혀 들이마실 수가 없었다. 마치 폐의 모든 기능이 멈춰버린 것 같았다. 그와 동시에 찾아온 극심한 통증. 인간이 이런 고통을 느낄 수 있다는 것이 믿기지가 않았다. 말로 표현하기는 힘들지만 굳이 표현해 본다면, 정육점에서 뼈를 자르기 위해 사용하는 기계로 나의 양쪽 갈비뼈를 갈아 없애는 듯했다.

죽는다고 생각하니 영화에서 필름이 돌아가듯이 사랑하는 사람들의 얼굴이 하나씩 눈앞을 스쳐 지나갔다. 나도 모르게 주님께 이야기하고 있었다.

'아, 주님! 저 이제 정말 주님께 가나요?'

숨을 들이마셔 보려고 애썼지만 소용없었다. 이제는 주님 품에 안긴다고 생각한 순간, 문득 아쉬운 마음이 들었다.

아픈 후에 크게 달라진 점이 몇 가지 있었는데, 그중 하나가 성경 말씀에 대한 새로운 깨달음이었다. 늘 알던 구절을 읽을 때에도 놀랍게 새로운 깨달음이 생겼다. 곧 내 아버지 되시는 하나님을 만난다고 생각하고 말씀을 읽으니 한 구절 한 구절 읽을 때마다 아버지의 마음이 생생하게 느껴졌다. 말로 표현할 수 없는 아버지의 사랑을 깨달았다. 그 사랑을 너무나 전하고 싶었다. 아쉬운 마음을 주님께 말씀드렸다.

'주님, 저 지금 주님께 가나요? 제가 깨달은 이 놀라운 진리, 놀라운 아버지의 사랑을 한 사람에게라도 더 전하고 싶은데요. 아쉬워요.'

아버지께서 내 마음을 받아주셨다. 호흡이 다시 돌아온 것이다. 그 후로 폐에 통증이 있고 숨 쉬기 힘들 때가 많지만, 아버지께서 내 기도를 들어주시고 계속해서 진리의 말씀과 아버지의 사랑을 전할 수 있도록 하루하루 생명을 주시는 것이 너무나 감사하다.

이 일을 통해서 〈소원〉이라는 찬양의 가사처럼 내 작음을 알게되고 그분의 크심을 알게 되었다. 항상 말로는 "나는 아무것도 아닙니다"라고 고백했지만, 무의식중에 내가 그래도 무언가 된다고 생각을 했었나보다. 숨이 멈추고 단 한 번 숨을 들이쉬는 것조차되지 않으니깐, 정말 나는 주님 없이는 아무것도 아님을 깨달았다. 나는 주님의 은혜 없이는 1초도 숨 쉴 수 없는 존재였던 것이다. 말 그대로, 나는 정말 아무것도 아니었다.

나의 작음을 알게 되니 자연스럽게 그분의 크심을 느끼게 된다. 내 숨을 멎게도 하시고 다시 쉬게도 하시는 주님. 하늘과 땅의 모든 만물을 다스리시며 내 생명도 주관하시는 주님. 아무것도 아닌 나에게 모든 것이 되어주신 주님.

영원히 타오르는 지옥 불에서 고통당해야 마땅한 나를 사랑하셔서 내 모든 죗값을 치러주시려고 십자가에서 그 상상할 수 없는 고통을 겪고 목숨까지도 내어주신 주님.

　그분이 얼마나 크신지 느껴진다. 그리고 그분의 사랑이 내가 상상할 수조차 없이 크다는 것을 알게 된다. 평생을 더 알아가도 그 사랑 알 수 없으리라.

유석경*

＊저자 서문은 주님 품에 안기기 전. 유석경 전도사님이 직접 쓴 원고이다. 이후 본문은 전도사님이 전 삶을 통해 외친 설교와 메시지의 핵심 내용이다.

CONTENTS

사랑하는 딸 석경이에게

PART

1

고통이 축복이 되다

보옵소서 내게 큰 고통을 더하신 것은 내게 평안을 주려 하심이라

이사야서 38장 17절

말기암 환자처럼
안 보여요

나는 모태신앙인이다. 항상 어머니 손에 이끌려 교회에 갔다. 게다가 교회 부속유치원에 다녔기에 필연적으로 교회를 매일 갔다. 그러나 하나님의 살아 계심을 느끼지 못했다. 그래서인지 어릴 때부터 늘 마음속에 한 가지 불안이 있었다.

'내가 믿는 하나님과 성경말씀이 거짓이면 어떡하지?'

내 마음속에 하나님이 살아 계신다는 확신이 없었다. 그래서 하나님께 몇 년을 기도했다.

"하나님, 정말로 당신이 살아 계신다면 나를 만나주세요!"

그러다가 열두 살 때 그야말로 깡 시골로 수련회를 갔다. 그

곳 오두막에서 몇 시간을 기도했다. 성령님을 간절히 구했다. 그리고 성령님을 체험했다. 이제 목에 칼이 들어와도 하나님을 부인할 수 없겠다고 생각한 나는 그날로 예수님을 영접했다.

그날 오두막 문을 열고 본 밤하늘은 평생 잊을 수 없다. 그렇게 큰 별들로 가득 찬 하늘은 그 전에도 그 후에도 본 적이 없다. 정말 아름다웠고, 내가 하나님의 딸이 된 것을 주님이 축하해주시는 것처럼 느껴져서 한없이 감격의 눈물이 흘렀다.

예수님을 영접한 뒤 내게는 큰 변화가 일어났다. 수련회를 마치고 집에 오는 관광버스에 올라탔는데, 버스 창밖으로 거리를 걷고 있는 사람들을 보자 눈물이 나는 것이다.

'나는 이제 죽어서도 영원히 천국에서 살 텐데, 저들 중에 주님을 몰라서 지옥에 가는 사람이 있으면 어쩌지?'

거리를 걷는 사람들 중에 지옥에 가서 영원히 고통을 당할 사람이 있다고 생각하니 너무 끔찍하고 가슴이 타들어가는 듯했다. 그때 나는 결심했다. 앞으로 사는 동안 믿지 않는 자를 만난다면 꼭 복음을 전하기로! 그렇게 나는 열두 살 때부터 복음을 전하기 시작했다.

지금 내 나이는 마흔두 살이다. 전도한 지 30년이 되었다. 주님을 모르는 영혼들에게 주님을 전하고, 주님이 주신 생명을 나눠주는 것이 내 삶의 이유가 되었다.

비교할 수 없는 기쁨

나는 원래 알뜰살뜰한 짠순이다. 10원도 아껴 쓰는 성격이었다. 2010년 추석 연휴에 나는 전도폭발 훈련을 받기 위해 미국행 비행기에 몸을 실었다. 최고 성수기 기간이라 왕복 비행기표가 400만 원 가까이 되었지만 이번에는 돈을 아끼지 않기로 했다. 전도 훈련은 이틀이었는데, 그 전에 미국에 온 김에 관광을 좀 하기로 했다. 한 푼, 두 푼 아껴오던 것을 그때 막 썼다. 고급 음식점에서 먹고 싶은 걸 다 먹고, 라스베이거스에 가서 쇼를 보고, 그랜드캐니언에 가서 10분 타는 데 50만 원이 드는 헬리콥터를 탔다.

즐겁게 관광을 마치고 전도 훈련을 하러 포틀랜드 공항에 내렸다. 내가 가야 할 지역 이름을 댔는데 공항버스 기사가 그런 지명은 난생 처음 들어본다고 했다. 일반 버스 기사들도 모른다고 해서 고속버스터미널에 갔더니 거기 가는 버스가 저녁 8시에 딱 한 대 있다고 했다. 내가 공항에 내린 시각이 새벽 1시였으니 저녁에 버스를 타면 세미나 이틀 중 하루를 다 날리는 것이었다. 결국 그곳이 서쪽 끝에 있다는 것만 알고 기차를 타고 7시간이 걸려 종점에 도착했다. 기차역에서 교회에 전화를 걸었더니 거기서부터 또 차로 한 시간이 더 걸린다고 했다. 교회에서는 이 훈련을 받으려고 여성이 혼자 한국에서부터 왔다는 사실에 너무 놀라 차를 보내주었다.

훈련은 쉬는 시간이 거의 없이 강의와 전도 실습으로 이어졌다. 가서 보니 참석자 모두가 미국인이고 심지어 전부 목사님이었다.

마지막 날, 셋이 한 조를 이루어 노방전도를 나갔다. 한 명씩 돌아가면서 복음을 전하다 내 차례가 되어 떨리는 마음으로 길을 가는 스무 살 된 청년에게 말을 걸었다.

시간이 있느냐고 물었더니 10분이 있다고 했다. 나는 전도할 때 1시간은 걸린다. 아담부터 설명하는 성격이기 때문이다. 게다가 유창하지도 않은 영어로 10분 안에 복음을 전하기란 힘들었지만, 핵심만 빨리 설명해주었다.

그런데 놀라운 일이 일어났다. 복음을 다 듣고 난 그의 눈에 눈물이 가득 고이면서 자신도 예수님을 믿고 천국에 가고 싶다고 말하는 것이 아닌가. 그는 예수님을 영접하는 기도를 했고, 우리는 페이스북 주소를 교환했다. 시간과 언어의 제약을 뛰어넘어 역사하시는 성령님의 일하심을 보며 전도는 내가 하는 것이 아니라 성령님께서 하신다는 것을 다시 한 번 확인했다.

나는 귀국해서 그 형제가 궁금하여 그의 페이스북에 들어가 보았다. 나와 만난 날 그가 올린 글이 있었다.

"오늘 길거리에서 하나님에 대해 말하는 사람을 만났는데, 태어나서 그렇게 큰 사랑을 느껴본 적은 처음이었다."

나는 너무 기뻐서 울고 또 울었다. 그때 깨달았다. 잃어버린 영혼이 주님께 돌아오는 것을 보는 것만큼 나에게 큰 기쁨과 행복을 주는 일은 없다는 것을. 그래서 그 삶에 올인하기로 했다. 내 남은 삶을 생명의 복음을 전하는 데 쓰고 싶어서 선교사가 되기로 결심했다. 그리고 선교사가 되기 전에 하나님의 말씀을 더 깊이 공부하면 좋겠다는 마음이 들어서 곧장 직장을 비롯한 모든 것을 접고 이듬해인 2011년 7월 시카고에 있는 트리니티 신학교에 유학을 갔다.

내가 신학교에 가기로 결심했을 때 세상적인 관점에서 좋은 직장을 갖고 있었기 때문에 많은 사람들이 내게 "어려운 선택을 하셨네요"라고 말했다. 그러나 그것은 나에게 있어서 '이기적인 선택'이었다. 물론 신학교에 가는 일, 선교사가 되겠다는 결심은 어려운 선택일 수 있다.

하지만 내가 그 결심에 1초도 걸리지 않은 이유는 일주일 동안 펑펑 돈을 쓰면서 하고 싶은 일을 다 해보았기 때문이다. 그것은 재밌고 즐거운 경험이었다. 그러나 그 기쁨은 한 청년이 예수님을 영접하는 기쁨과는 비교할 수 없었다. 조금이라도 비교할 수 있었다면 신학교 진학을 고민했을지 모른다. 하지만 비교할 수가 없었다.

하나님의 특별한 인도하심으로 가게 된 학교에서 나는 성경을 더 깊이 묵상하고 공부에 열중하면서 주님께만 더욱 집중하는 시간을 보냈다.

원인 모를 두통

2013년 1월 9일, 갑자기 머리가 너무 아팠다. 머리 안쪽에 폭탄이 들어 있어서 팡 터질 것 같은 압력이 느껴질 정도였다. 고통이 얼마나 심했던지 차라리 벽에 머리를 찧는 게 더 나을 정도였다. 그날 나는 생전 처음 느끼는 고통으로 '아, 내가 오늘 죽는구나'라고 생각했다. 그래서 세 살 때부터 그때까지 지은 모든 죄를 밤새 회개했다.

혼자 기숙사 방에서 머리를 벽에 찧고 있다가 이튿날 병원에 갔다. 병원에서 머리에 대한 각종 검사를 하며 뇌 MRI를 찍었으나 이상이 없었고, 의사들은 내게 안심하라고 했다. 겨울방학 때는 학비를 마련하기 위해 한국에 와서도 여러 병원을 돌아다니며 두통의 원인을 찾으려고 했다. 나는 내 병이 심각하다고 느꼈는데, 의사들은 내가 예민한 것일 뿐이라고 했다.

그 후로도 두통은 계속되었고 건강이 급속히 나빠져 겨우 학기를 마치고 인턴십을 하기 위해 귀국했다. 우리 학교는 졸업 전에 인턴십 전도사를 해야 했기 때문이다. 나는 1994년 지구촌교회가 시작할 때부터 20년간 함께했다. 대예배 반주자로 10년 동안 섬겼고 대학부 리더로 7년을 섬겼다. 그래서 모교회인 지구촌교회 대학부에서 인턴을 하고 싶었다. 대학부 목사님께 부탁을 드렸더니 감사하게도 허락을 해주셨다.

그렇게 5월부터 인턴 전도사를 하기 위해 귀국했다. 사역을 시작하기 한 주 전에 근처 대학병원에서 건강검진을 했다. 6개월 간 두통으로 인해 힘들었고 몸도 약해졌는데 의사들이 머리만 봤기 때문에 종합검진을 해서 몸에 이상이 없는지 확인해봐야겠다고 생각한 것이다.

전도사 생활을 시작한 그 주 금요일에 건강검진 결과를 들으러 갔다. 그날은 교역자 회의가 있는 날이었다. 나는 회의 시작 전에 혼자 병원에 가서 얼른 결과를 듣고 와야겠다고 생각했다. 나를 만난 의사는 내게 물었다.

"그동안 왜 건강검진을 하지 않으셨습니까?"

"일이 좀 바빠서요."

의사는 내가 너무 늦게 병원을 찾아왔다고 했다.

암을 발견하다

2013년 5월 31일, 내가 암에 걸렸다는 것을 알게 되었다. 의사는 내 배 안에 12센티가 넘는 암 덩어리가 두 개 있는데 주변으로 많이 퍼져 있는 상태라고 했다. 그토록 큰 게 내 배 속에 있다고 해서 굉장히 놀랐다. 암이 발생한 곳은 직장(直腸, 곧 창자)이었다. 내가 암일 것이라고는 상상도 못했지만, 장이 아플 거라고는 더더욱 생각하지 못했다. 왜냐하면 나는 항상 내 장이 튼튼하다고 자부했기 때문이다. 암 덩어리를 보는데 그게 나의 죄처럼 느껴졌다. 생김새가 너무 끔찍했다.

의사는 닷새 뒤인 수요일에 수술 날짜를 잡아주면서 겁을 줬다.

"수술을 하지 않으면 당장 죽을 것입니다."

나는 차분하게 말씀드렸다.

"가족과 의논도 해보고 저도 좀 생각을 해봐야 할 것 같습니다."

의사는 화를 내면서 목소리를 높였다.

"이것은 생각해볼 케이스가 아닙니다."

나는 속으로 생각했다.

'아니, 내가 장에 암이 걸렸지, 머리에 암이 걸렸나?'

의사는 내가 판단능력을 상실한 사람인 양 다그쳤다.

내가 암이라는 사실이 알려지자 주위에서 셀 수 없이 많은 조언들이 쏟아졌다. 모두 나를 위해 하는 말들이고, 각자 자신이 알고 있는 치료법들에 확신을 가지고 조언을 했다.

여러 사람의 의견과 치료법에 대한 압박 속에서 나는 '하나님의 지혜'를 구했다. 사람의 지혜로는 알지 못했다. 수술 결과가 어떨지, 내가 수술 날보다 더 빨리 죽을지, 수술 날 죽을지 알 수 없었다. 주님만이 아셨다. 나를 나보다 잘 아시고, 나를 만드셔서 내 몸을 잘 아시고, 또 결정적으로 모든 생명의 주관자이신 하나님께 지혜를 구해야겠다고 생각했다.

너희 중에 누구든지 지혜가 부족하거든

모든 사람에게 후히 주시고

꾸짖지 아니하시는 하나님께 구하라

그리하면 주시리라 야고보서 1장 5절

이 말씀에 의지해서 지혜를 구했고, 나는 결정을 내릴 수 있었다. 나의 아버지는 암으로 돌아가셨다. 그때 의사가 6개월에서 2년 정도 사실 거라고 했는데 2주 만에 돌아가셨다. 그래서 나도 내가 2주 만에 죽을 수 있겠다는 생각을 했다. 그렇다면 수술과 방사선 치료로 남은 시간을 보내기보다는, 하루든, 일주일이든, 일 년이든 생명의 복음을 전하다가 주님 앞으로 가고 싶었다(그렇다고 내가 현대 의학을 무시하는 것은 아니다).

예수께서 들으시고 이르시되 건강한 자에게는 의사가 쓸 데 없고

병든 자에게라야 쓸 데 있느니라 마태복음 9장 12절

예수님도 의사가 쓸 데 있다고 하셨다.

지혜와 권능이 하나님께 있고 계략과 명철도 그에게 속하였나니

욥기 12장 13절

하나님의 어리석음이 사람보다 지혜롭고

하나님의 약하심이 사람보다 강하니라 고린도전서 1장 25절

현대 의학을 존중하지만, 이 세상 어떤 의사도 내 몸에 좋은 게 뭔지 하나님보다 더 자세히 알 수 없고, 하나님보다 지혜로울 수 없다!

권위 있는 S병원 같은 경우 병원장 소개로 갔기 때문에 담당 주치의께서 직접 나에게 전화를 하셨다.

"당장 수술하지 않으면 당신은 죽습니다. 장에 있는 암 덩어리가 너무 커서 그것이 반대쪽 장 벽의 살과 하나가 되기 때문에, 당장 수술하지 않으면 장폐색증이 일어나서 온몸에 독이 올라 고통스럽게 죽게 됩니다. 얼른 수술 날짜를 잡으시지요!"

그 말을 듣는데 0.1초 만에 이런 생각이 들었다.

'응? 우리 아빠가 나한테 그럴 리가 없는데.'

나는 내 아버지가 어떤 분인지 알고 있었다. 아버지는 나에게 가장 좋은 것을 주시는 분이다. 만일 그런 고통스러운 일이 나에게 생긴다면, 그렇게 하시는 데에는 이유가 있을 것이다.

그래서 나는 수술하지 않기로 결정했다. 그랬더니 주변에서 루머가 돌기 시작했다. 욕을 하는 사람도 있었다. "제정신이 아니다"부터 시작해서 "목숨을 포기했네, 올바른 신앙이 아니네"라는 소리를 들었다. 목사님들까지도 수술을 해야 한다며 엄청

나게 압박하셨다. 친한 사람들도 마찬가지였다.

"언니, 아프면 제정신이 아니래. 언니 머리가 좀 이상한 거 같아."

장 분야에서 세계적으로 유명한 의사를 한 번만 만나달라는 교회 후배들의 말에 "내가 너희를 위해 만나준다"라고 하면서 찾아갔다. 그 의사를 만나고 더더욱 수술을 하지 않기로 결심했다. 늘 혼자 병원을 가다가 그날은 엄마와 함께 갔는데, 엄마가 의사에게 내가 얼마나 살 수 있을지 물었다. 그런데 의사가 "아유, 1년밖에 못 삽니다"라고 퉁명스러운 말투로 대답하는 것이었다. 그의 의술이 세계 1위일지 모르지만 그가 하는 말을 들으니 절대 그에게 내 몸에 칼을 대는 것을 허락하고 싶지가 않았다.

수술을 하지 않은 이유

나는 선교사로 헌신하기 전에 수험생을 가르치는 일을 했다. 그러면서 우리나라 부모의 모습을 많이 보았다. 우리나라 부모는 자신의 자녀가 명문대에 진학하길 바란다. 어떤 학원이 유명하면 거기에 아이들을 우르르 보내고, 한 과외 선생이 유명해지면 그 사람에게 우르르 보낸다. 남들 하는 대로 다 따라한다.

그러나 그렇게 해서는 100퍼센트 명문대 진학이 어렵다. 왜냐하면 명문대는 0.1퍼센트가 가기 때문에 99.9퍼센트는 아무리 해도 명문대를 못 가게 되어 있다. 남들을 따라만 해서는 99.9퍼센트를 벗어나기 어렵다. 그렇다면 어떻게 해야 0.1퍼센트에 들 수 있는가?

나는 애들 성적을 굉장히 잘 올려주는 선생이었고 거기에 굉장한 자신감이 있었다. 누구든 나를 만나면 성적이 올랐다. 나는 암 치료에 대한 것도 마찬가지라고 생각했다. 암에 걸리면 대부분 사람들이 수술, 항암, 방사선 치료를 했다. 그런데 암에 걸리면 사는 사람보다 죽는 사람이 많다. 명문대 진학률처럼 살아남는 사람은 극소수다. 그래서 나는 모든 사람이 하는 대로 따르는 것은 죽는 길이라고 생각했다. 나는 공부처럼 나에게 맞는 길을 찾아야 한다고 생각했다. 대다수가 한다는 자체는 내게 신뢰를 주지 못했다. 결국 나는 개인적인 확신을 갖고 주위 사람들의 압박을 거절할 수 있었다. 사람들이 권하는 것은 대다수가 걷는 길이었기 때문이다.

또한 나는 모든 것이 상식을 벗어나면 이단이라고 생각하는 사람이다. 나는 모든 것을 상식선에서 생각하려고 한다. 수박을 한 번 잘라서 산소에 닿게 되면 맛도 없어지고 신선도가 확 떨어진다. 하물며 사람의 몸은 더할 것이라고 생각했다. 하나님께서 산소가 내장에 안 닿게 만드셨기 때문이다.

당시 나는 핸드폰을 들 힘조차 없이 약했다. 상식적으로 내 몸이 이렇게 아픈데 배를 가르는 수술을 견딜 수 있을 거란 생각이 들지 않았다. 게다가 의사는 수술을 해도 암을 다 제거할 수 없고 큰 것만 없앤다고 했다. 그 말을 들으니 차라리 아무것도 하지 않는 게 더 오래 살겠다는 생각이 들었다.

항암은 무엇인가. 항암이 암세포도 죽이지만 좋은 세포도 함께 죽인다는 것은 상식이다. 난 암에 걸리기 전에도 사람들이 암에 걸리면 무조건 항암을 하는 것이 참 신기했다. 암세포만 없어지면 뭐하겠는가. 좋은 세포도 마구 죽여 결국 내 몸은 더 상할 텐데. 방사선도 그랬다. 방사선을 한 번이라도 난소에 쪼이면 불임이 된다고 한다. 그래서 난소의 위치를 바꾸는 수술을 하고 방사선을 쪼이거나 난소에서 난자를 채취해서 냉동을 시켜놓고 방사선을 한다.

나는 이미 독신으로 선교사로 나가기로 결심한 후였기 때문에 불임이 되는 것은 상관없었지만, 한 번만 쪼여도 불임이 된다는 사실 자체가 방사선이 무시무시하게 몸에 나쁘다는 것을 말해주기 때문에 이것은 고민도 하지 않고 안 하기로 결정했다. 암이 없어져도 내 몸이 정상이 되지 않을 것이라는 생각이 들었다.

하지만 그 어떤 이유보다 가장 중요한 이유는 죽어도 천국에 갈 것이라는 확신이 있었기 때문이다. 암에 안 걸려도 어차피 사람은 죽는다. 물론 암으로 인한 육체적인 고통이 있겠지만 결국 누구나 죽기 때문에 내가 죽게 되었다고 사람들이 나를 불쌍하게 여기는 것이 이상했다.

나아가 여기보다 훨씬 더 좋은 곳으로 갈 것이라는 확신이 나에게 평안을 주었다. 드디어 하나님을 얼굴과 얼굴을 맞대고 만날 수 있게 된다는 것에 기대가 되고 살짝 흥분이 되었다. 아빠가 돌아가시고 나한테 많이 의지하는 엄마한테는 너무 미안했지만, 한편으로는 보고 싶은 아빠를 만날 수 있다는 기쁨도 있었다.

천국에 갈 수 있다는 확신이 있었기에 죽음이 전혀 두렵지 않았고, 죽음이 전혀 두렵지 않았기에 의사들과 주위 분들이 많은 압박을 가하였음에도 불구하고 수술, 항암, 방사선에 대해서 섣불리 판단하지 않고 침착하게 하나님께 지혜를 구하면서 안 하기로 결정할 수 있었다.

나의 기도제목

나는 죽을 준비를 시작했다. 영적으로도 준비를 하고 주변 정리를 시작했다. 나를 생각해주시는 많은 분들이 기도제목을 물어볼 때마다 이렇게 대답했다.

"제가 죽기 전에 한 번이라도 더 설교할 기회가 생기기를 기도해주세요. 한 명에게라도 더 생명의 복음을 전할 수 있게 해달라고요."

감사하게도 하나님께서 그 기도에 응답해주셨다. 아픈 후에 많은 교회에서 설교를 하게 된 것이다. 사실 신학교 졸업도 안 한 전도사가 대예배 때 설교를 한다거나 집회를 인도하는 것은 굉장히 드문 일이다. 나는 하나님께서 내 기도를 들으시고, 또 나를 위한 많은 이들의 중보기도를 들으시고 나에게 큰 은혜를 베풀어주셨다고 믿는다.

하나님께서 매일매일 나에게 새로운 생명을 주시고, 새로운 하루를 주셔서 하나님의 복음을 전할 기회를 주신 것이 너무나 감사하다. 이 귀한 생명의 복음을 2주쯤 전하다 죽을 줄 알았는데 여러 의사 선생님들의 예상과 달리 일 년을 넘어서 2014년 10월을 기준으로 돌아볼 때 1년 5개월째 여러 곳에서 지속적으로 생명의 복음을 전하고 있다(전도사님은 2016년 3월 4일 소천하셨다-편집자 주).

죽지 않았을 뿐만 아니라 이전보다 몸에 힘이 많이 생겼다. 2013년 발병했을 당시에는 얼마나 몸에 힘이 없었던지 핸드폰이 무겁게 느껴져서 들지를 못했고 많은 시간 누워 있어야 했다. 지금처럼 여러 곳에서 말씀을 전하고 전도훈련 강의를 한다는 것은 상상도 못했다.

물론 나는 계속 육체적 고통을 느낀다. 남한테 말할 수 없는, 말한다 해도 남들이 알 수 없는 고통이 있다. 매일 통증과 싸워야 하고 통증 때문에 잠을 자는 게 어렵다. 몸속에 있는 암 덩어리에서 늘 피가 나고, 그 덩어리 때문에 앉는 게 불편해서 어디를 가든지 두꺼운 방석을 들고 다닌다.

예전에 우리 조상들이 극심한 고통을 일컬어 왜 팔이 끊어지는 고통, 다리가 끊어지는 고통이라고 하지 않고 '창자가 끊어지는 고통'이라고 했는지 알 것 같았다. 통증이 오면 안방에 있는 엄마한테 전화를 하고 싶은데 손가락으로 핸드폰 버튼을 누를 수가 없을 정도로 극심했다.

처음 6개월 동안은 통증으로 24시간, 낮에도 밤에도 잠을 잘수가 없었다. 통증 자체도 힘들었지만 잠을 못 자는 것이 너무 힘들었다. 통증이 심할 때는 저절로 눈물이 났다. 처음에는 아파서 눈물이 나다가 예수님께서 나 때문에 당하신 고통을 생각하게 되어 더 눈물이 났다.

내가 이런 심한 고통 속에 있지만 다른 사람들보다 더 힘들다고 생각하지 않는다. 각자의 삶에는 다 고난이 있다. 암이 아니라도 건강이 안 좋으신 분이 있고, 사업이 부도가 나서 경제적으로 힘든 분도 있으며, 자녀가 게임에 빠져서 걱정인 분도 있다. 또 공부든 취직이든 사업이든 지금 하는 일이 끝이 보이지 않고 열매가 전혀 없어서 힘든 분들도 있다.

흔히 힘든 시간을 광야에 비유한다. 지금 광야를 지나고 있는 분들이 있을 것이다. 내가 아프고 나서 참 많은 은혜를 받은 찬양이 있다.

왜 나를 깊은 어둠 속에 홀로 두시는지

어두운 밤은 왜 그리 길었는지

나를 고독하게 나를 낮아지게

세상 어디도 기댈 곳이 없게 하셨네

광야 광야에 서 있네

주님만 내 도움이 되시고

주님만 내 빛이 되시는

주님만 내 친구 되시는 광야

주님 손 놓고는 단 하루도 살 수 없는 곳

광야 광야에 서 있네

주께서 나를 사용하시려 나를 더 정결케 하시려

나를 택하여 보내신 그곳 광야

성령이 내 영을 다시 태어나게 하는 곳

광야 광야에 서 있네

내 자아가 산산이 깨지고

높아지려 했던 내 꿈도 주님 앞에 내어놓고

오직 주님 뜻만 이루어지기를

나를 통해 주님만 드러나시기를

광야를 지나며

– 〈광야를 지나며〉, 장진숙 사, 곡

나는 이 고통 속에서도 주님을 찬양한다. 육체적 고통, 죽음의 문턱에서 내가 느끼는 이 평안, 이 행복을 경험하면서 나는 '이 세상에서 복음만큼 좋은 것은 없구나'라는 사실을 더욱더 확신하게 되었다. 사람이 '곧 죽는다. 그것도 아주 비참하고 고통스럽게 죽는다'는 얘기를 듣고도 어떻게 이렇게 행복하고 평안할 수 있을까. 나는 이런 나 자신을 보면서 복음의 능력에 대해서 감탄하게 되었다.

또한 날마다 나에게 생명을 주시고, 이 고통이 끝났을 때 나를 기다리고 계실 주님을 기대하게 되었다.

나에게 암이 축복인 이유

"하나님을 원망하지 않습니까?"

이는 암에 걸린 걸 알고 나서 내가 가장 많이 받은 질문이다. 나는 암이 내 생애에서 두 번째로 큰 축복이라고 생각한다. 가장 큰 축복은 열두 살 때 예수님을 인격적으로 만난 것이다. 그리고 암은 내 생애 두 번째로 큰 축복이다.

나는 하나님을 원망해본 적이 단 한 번도 없다. 내가 왜 암에 걸렸는지 묻지도 않았다. 왜냐하면 나는 하나님을 이해하려고 하지 않기 때문이다. 이해할 수 있다면 하나님은 이미 신이 아니다. 나는 하나님을 이해하려고 하지 않고, 그저 신뢰한다.

우리는 하나님의 피조물이다. 따라서 우리가 해야 할 일은 하나님을 이해하는 것이 아니라 신뢰하는 것이다. 나는 하나님이 내게 가장 좋은 것을 주신다는 사실을 신뢰한다. 그 사실을 믿어 의심치 않는다. 나는 암이 왜 생겼는지 모른다. 내가 몸 관리를 잘못했을 수도 있고, 스트레스를 받아서일 수도 있다. 아마 단 하나의 원인으로 생기지는 않았을 것이다. 어떤 원인 때문이든 하나님이 허락하신 거라면 그것이 내게 가장 좋은 것이라고 믿는다.

나는 대학부 때 리더로 7년을 섬겼고 졸업한 후에는 대학부 사이트에 매주 설교를 한 편씩 올렸다. 내가 그때 썼던 설교 중 가장 기억에 남는 것이, 우리가 절벽 끝에서 손을 놓아야 한다는 내용이었다. 절벽 끝에 내가 서 있고 절벽 밑에는 예수님이 서 계신다고 생각해보라. 예수님이 손을 벌리고 이렇게 외치신다.

"야, 내가 받아줄게. 뛰어내려!"

그러면 대부분의 크리스천은 어떻게 할까? "네, 주님! 저는 주님을 신뢰해요. 신뢰합니다. 뛰어내릴게요!" 이렇게 말하고는 기어서 내려간다. 뛰어내리자니 절벽이 너무 높아 보이기 때문이다. 그래서 기어서 내려가는 동안 피도 나고 상처도 입는다. 사실 우리가 정말 손을 놓고 뛰어내린다면, 주님의 품에 확 안기는 경험을 할 뿐만 아니라 다치지도 않는다. 나는 손을 놓아야 한다고 했고, 나도 그렇게 살기 위해 노력했다.

그러나 손을 놓지 못하는 나 자신을 발견했다. 98퍼센트는 놓았지만, 2퍼센트는 놓지 못했다. 내 스스로 뭔가 해보려고 잡고 있었다. 나는 그 손을 놓으려고 무척 애를 썼다. 신학교에 갈 때도 절벽에서 손을 놓고 100퍼센트 주님을 의지하게 해달라고 기도했다. 내 인생을 모두 주님께 맡기도록 기도했다. 그러나 신학교에 가서도 1퍼센트를 놓지 못하는 나를 발견했다. 더 열심히 기도했지만, 잘 되지 않았다. 그런데 의사에게 "암입니다"라는 말을 들으니 그 순간 절벽에서 손을 탁 놓는 나를 발견했다.

'내가 이 손을 놓았네?' 놓으려고 10년을 기도해도 안 된 일이었는데, 곧바로 이루어졌다. 절벽에서 손을 놓으니 그렇게 자유로울 수가 없었다. 그 절벽에서 비상을 경험했다. 그래서 나는 암이 정말 축복이라고 생각한다.

내가 암을 축복이라 생각하는 또 다른 이유는 죽음을 준비할 시간을 갖게 되었기 때문이다. 나는 그것이 굉장한 특권이라 생각한다. 만약 내가 사고로 죽는다면, 사랑하는 사람과 작별 인사를 할 시간도 갖지 못할 것이다. 회개할 시간도 없고 죽음을 준비할 시간이 없다. 그러나 나는 죽음 앞에서 준비할 시간이 있다. 정말 큰 축복이다.

죽음을 생각해보고 계획도 하고 인사도 하고 미안했던 사람에게 진심으로 미안했다고 고백도 하고, 내 사랑을 진심으로 표현할 수도 있다. 내 마음을 표현할 기회가 있음에 정말 감사하다.

마지막으로 암이 내 생애 가장 큰 축복인 이유는 하나님이다. 내가 신학교에 갔을 때 사람들이 왜 신학교에 왔는지 물었다. 신학교에 진학한 포부가 저마다 거창했지만, 나는 사실 딱 하나였다. 주님께 집중하는 것이었다. 그때까지 나는 너무 바쁘게 살았다. 힘들게 사느라 주님께 집중할 시간이 없었다. 신학교에 가서 주님을 더욱 친밀하게 경험하고 말씀을 깊이 묵상하는 시간을 갖고 싶었다.

"저는 주님과 가까워지고 싶어서 신학교에 왔습니다."

그런데 암에 걸린 후로 주님과 백만 배 더 가까워졌다. 그러니 내게 있어 암에 걸린 것은 정말 감사한 일이다. 신학교 진학과는 비교할 수 없이 하나님과 가까워졌기 때문이다.

고통과 아버지의 마음

무엇보다 나는 이 고통의 시간을 통해서 아버지의 마음을 알게 되었다. 나는 암에 걸리기 전에도 몸이 많이 아팠다. 별명이 '움직이는 종합병원'이었다. 그때는 이 고통을 통해서 더 주님께 나아간다고 생각했다. 사람은 모든 일이 잘되면 주님을 간절히 찾지 않고 도리어 고난을 당할 때 주님을 찾게 되고 작은 것도 주님께 감사하며 나아간다고 생각했다. 실제로 그런 사람들을 많이 봤고 나도 그랬다.

그런데 암에 걸린 후에 새롭게 깨달은 것은, 아버지께서 내가 고통당하는 걸 원하지 않으신다는 사실이다. 아버지는 내가 고통당하는 것을 원하지 않으심에도 불구하고 어쩔 수 없이 내가 고통당하는 것을 허용하신다는 것을, 그리고 내가 고통당할 때 나보다 더 아파하신다는 것을 알게 되었다.

사람들이 암에 걸린 나를 위로하고 싶어서 해주시는 말씀이 대부분 비슷하다. 많이 들은 말 중 하나가 "죽은 나사로도 살리신 주님께서 너도 살려주실 거야"였다. 나사로 이야기에서 많은 이들이 예수님께서 죽은 나사로를 살려주신 것에 주목한다. 그런데 나는 다른 부분에 주목했다.

요한복음 11장에 보면 예수님은 나사로가 병들었단 소식을 들었을 때 당장 가지 않으셨다. 예수님께서는 당장 고쳐주실 능력이 있으셨다. 그런데 이틀을 더 유하셨고 그 사이에 나사로가 죽고 말았다.

우리 중에 고난을 좋아하는 사람은 아무도 없다. 다들 자신의 문제가 빨리 해결되길 바란다. 아픈 사람은 빨리 건강하기를 바라고, 결혼 못한 사람은 빨리 결혼하길 원한다. 자식이 없는 사람은 빨리 아이를 낳고, 사업이 망한 사람은 빨리 돈을 벌고, 공부하는 사람은 빨리 학위를 따고, 직업이 없는 사람은 빨리 취직하기를 바란다.

그러나 현실은 그렇지 않다. 당장 문제가 해결되지 않는다.

그러면 이런 생각이 든다.

'아니, 하나님은 날 사랑하신다면서, 해결해줄 능력도 있으시다면서 도대체 왜 내 문제를 당장 해결해주시지 않는가?'

이에 대한 답을 나는 나사로의 이야기에서 발견했다. 예수님께서는 왜 나사로를 당장 고쳐주시지 않았는가.

주님께 불가능은 없다

첫째, 예수님께서는 죽은 사람을 살리는 것이나 자는 자를 깨우는 것이 똑같기 때문에 꼭 죽기 전에 빨리 가실 필요가 없으셨다.

> 우리 친구 나사로가 잠들었도다
> 그러나 내가 깨우러 가노라 요한복음 11장 11절

빌립보서 4장 6절에는 "아무것도 염려하지 말고 다만 모든 일에 기도와 간구로, 너희 구할 것을 감사함으로 하나님께 아뢰라"라고 한다. 그런데 우리는 보통 거꾸로 한다. 모든 것을 염려하면서 기도는 안 한다. 이 말씀은 무조건 아무것도 염려하지 말라고 강요한 것이 아니다. 아무것도 염려할 필요가 없기 때문에 아무것도 염려하지 말라고 한 것이다.

모든 것이 예수님께는 너무 쉽다. 죽은 사람을 살리는 것도 쉽다. 그 능력의 예수님께서 당신과 함께하시고 당신을 당신 자신보다 더 사랑하신다. 그래서 아무것도 염려할 필요가 없는 것이다. 그분이 당신의 필요를 당신보다 더 잘 아시기에 그 필요를 채워주실 것이다.

나는 의사가 얼마 못 산다고 이야기했을 때 전혀 절망하지 않았다. 왜냐하면 절망할 필요가 없기 때문이다. 어떠한 상황 속에서도 하나님께서 나에게 가장 좋은 것을 주신다는 것을 확신한다. 이 병에서 낫는 것이 필요하다면 고쳐주실 것이고, 죽는 것이 더 좋다면 천국에 데려가실 것이다. 이 땅에서도 예수님과 함께 사는 것이고, 죽어서 천국에 가도 예수님과 함께 사는 것이다. 그러니 죽을병 든 것이 나에게는 절망할 일이 아니다.

당신도 지금 힘들 수 있다. 그러나 아무 염려하지 말라. 당신이 가진 모든 문제가 예수님께는 너무나 쉽다. 염려할 필요가 없다. 아무것도 염려하지 말고 모든 일에 기도와 간구로 감사함으로 아뢰라. 아버지께서 당신에게 무엇이 필요하고, 무엇이 당신에게 가장 좋은지 다 알고 계신다.

진정한 믿음을 갖게 한다

둘째, 우리로 하여금 하나님을 믿게 하시려는 것이다. 요한복음 11장 15절을 보자.

내가 거기 있지 아니한 것을 너희를 위하여 기뻐하노니

이는 너희로 믿게 하려 함이라 그러나 그에게로 가자 하시니

예수님은 나사로가 죽게 되었을 때 그 현장에 안 계신 것을 기뻐한다고 하셨다. 왜일까? 우리의 믿음이 연약한 걸 아셨기 때문이다. 우리는 죽은 사람이 살아나는 것 정도는 봐야 예수님을 믿을 정도로 연약한 사람이다.

우리는 하나님을 믿는다고 말하고, 말씀을 믿는다고 하지만 많은 경우 실제로는 믿지 않는다. 분명히 예수님은 "할 수 있거든이 무슨 말이냐 믿는 자에게는 능히 하지 못할 일이 없느니라"(막 9:23)라고 하셨다. 그런데 우리는 여전히 걱정한다. 이 말씀을 믿지 않기 때문이다.

마태복음 6장에서도 "그런즉 너희는 먼저 그의 나라와 그의 의를 구하라 그리하면 이 모든 것을 너희에게 더하시리라"(마 6:33)라고 말씀하셨지만 우리는 먼저 그의 나라와 그의 의를 구하지 않는다. 이 말씀을 믿지 않기 때문이다.

하나님은 우리 믿음이 연약하여 우리가 보기에 불가능한 문제들이 해결되고 고난이 기쁨으로 바뀌는 것을 봐야만 우리가 하나님을 믿게 될 것을 아셨기 때문에 고난을 잠시 허락하시는 것이다.

하나님께서 영광을 받으신다

셋째, 하나님께서 영광을 받으시기 위해서다. 요한복음 11장 4절을 보자.

예수께서 들으시고 이르시되
이 병은 죽을 병이 아니라 하나님의 영광을 위함이요
하나님의 아들이 이로 말미암아 영광을 받게 하려 함이라

우리가 당하는 고난은 끝이 있다. 그 고난의 끝에서 결국 고난을 끝나게 하실 하나님께서 영광을 받으실 것이다. 그렇다면 여기서 의문이 생긴다.

'아, 하나님께서는 우리에게 믿음이 생기게 하고, 하나님께서 영광을 받으시기 위해 우리의 고통을 이용하시는구나.'

절대로 그렇지 않다.

예수께서 그가 우는 것과 또 함께 온 유대인들이
우는 것을 보시고 심령에 비통히 여기시고 불쌍히 여기사
이르시되 그를 어디 두었느냐 이르되 주여 와서 보옵소서 하니
예수께서 눈물을 흘리시더라 요한복음 11장 33-35절

주님은 내 눈물을 보시고, 내 아픔을 보시고 심령에 비통히

여기시고 불쌍히 여기서서 눈물을 흘리시는 분이다. 하나님께서 그분의 목적을 이루기 위하여 우리의 고통을 이용하시는 분이라면 예수님께서 십자가의 고통을 당하지 않으셨을 것이다. 우리의 죄를 없애주시기 위한 다른 방법이 없었기 때문에 하나님께서 직접 인간의 몸을 입고 십자가에서 고통을 당하셨다.

우리가 고통을 당하지 않으면 안 될 이유가 있기 때문에 어쩔 수 없이 허락하시지만, 할 수만 있다면 우리가 고통을 안 당하도록 대신 그 고통을 지고 싶으신 것이 아버지의 마음이다. 나의 죄 때문에 내가 십자가에서 죽어야 되는데 나 대신 죽으셨다는 것만 봐도 아버지의 마음을 알 수 있지 않은가.

고통이 오랜 시간 동안 계속되면 너무 힘든 나머지 '하나님께서 날 사랑하신다면 이러실 수가 있나, 하나님께서 정말 계시다면 나를 이렇게 버려두실 수가 있나' 하는 의심이 들 수도 있다. 이때 예레미야애가 3장 33절을 꼭 기억하라.

주께서 인생으로 고생하게 하시며 근심하게 하심은
본심이 아니시로다

우리를 고생하게 하고 근심하게 하는 것은 하나님의 본심이 아니다. 그렇다면 하나님의 본심은 무엇일까?

하나님이 지으신 그 모든 것을 보시니 보시기에 심히 좋았더라

창세기 1장 31절

다른 것을 지었을 때는 '좋았더라'였던 것이 인간까지 다 만드신 후에는 '심히 좋았더라'라고 변했다. 이것이 하나님의 본심이다. "너를 보니 내가 심히 좋다." 이것이 하나님의 본심이다. 당신도 자신이 싫어질 때마다 이 하나님의 음성을 듣기 바란다.

나에게 일어난 변화

아프고 난 후 나에게는 네 가지의 변화가 있었다.

인간에 대해 알다

첫째, 인간의 죄성을 깨닫게 되었다. 내 평생 소원은 "주와 함께 죽고 또 주와 함께 살리라"는 찬양 가사대로 사는 것이었다. 평생이 아니라 단 하루라도 그렇게 살고 싶었는데, 온전하게 산 적이 없었다. 늘 죄를 짓거나 죄 된 생각을 했다. 너무 절망적이었다.

암에 걸렸다고 좀 거룩해지거나 착해지는 일은 전혀 없었다. 정말 사람은 죄인이다. 솔직히 태어나서 죄를 제일 많이 지은 때가 암에 걸리고 나서였던 것 같다. 2013년 5월 31일부터 2014년

6월, 내 40년 인생에서 그때가 가장 많은 죄를 지은 시기였다. '이래서 예수님이 우리를 위해 돌아가실 수밖에 없었구나!' 주님의 핏값이 아니고는 죄를 해결할 방법이 없음을 절실히 깨달았다.

나는 다른 사람의 죄성에 대해서도 생각했다. 내가 암에 걸린 후로 많은 사람이 욥의 친구들처럼 내게 반응했다. "아우, 쟤가 뭘 잘못해서 암에 걸렸겠지." 어떤 이는 날 보면서 뿌듯해했다. "아, 나는 주님이 사랑하시기 때문에 건강하다." "내가 너보다 낫다." 그런 반응들을 보면서 생각했다. '이렇게 아픈 사람에게 저런 반응을 보이다니 참 대단하다. 인간은 정말 다 죄인이구나.' 신이신 예수님이 왜 인간의 몸으로 오셔서 돌아가실 수밖에 없으셨는지를 깊이 깨달았다.

기도를 깨닫다

아프고 난 후 내게 생긴 두 번째 변화는 기도였다. 나는 태어나서 처음 기도를 하는 것처럼 느꼈다. 암이 생기기 전에는 대부분의 기도가 내 마음을 아뢰는 기도였다. 그런데 죽음을 받아들이게 되어서인지 암에 걸린 후로 기도할 때면 하나님의 마음이 느껴졌다. 그때까지 내가 일방적으로 기도했음을 깨달았다.

말씀의 깊이를 체험하다

셋째로 말씀을 읽는 것이 달라졌다. 암에 걸린 후 성경을 읽을 때면 어떤 말씀이 툭 튀어나오는 것처럼 느껴졌다. 말씀이 굉장히 다르게 다가왔다. 성경이 진리임을 깨닫게 되었다. 물론 성경이 진리임은 전부터 알고 있었다. 그래서 신학교에 갔고 말씀의 깊은 의미를 탐구했다. 그런데 암에 걸린 후로는 깊은 의미를 모르더라도 그 말 자체로 성경이 진리임을 깨닫게 되었다.

예를 들어보겠다. 다음 말씀은 당신이 가슴 깊이 기억해야 할 말씀이다.

모든 지킬 만한 것 중에 더욱 네 마음을 지키라
생명의 근원이 이에서 남이니라 잠언 4장 23절

내게는 암환자 친구가 많다. 날이 추워지는 12월과 1월에 다섯 분 정도가 세상을 떠났다. 이들의 공통점은 암에 걸렸어도 굉장히 잘 지낸다는 점이었다. 그런데 어느 날 누군가 내게 이렇게 말했다. "내가 나빠지면 어떻게 하지? 내가 죽으면 어떻게 하지?" 불안감이 생겨 마음을 지키지 못하는 것이다. 이렇게 마음이 흔들리기 시작하고 오래지 않아 친구들이 세상을 떠났다.

사람이 아프면 육체적 고통도 힘들지만, 진짜 힘든 것이 마음을 지키는 일이다. 통증이 오면 솔직히 다 포기하고 싶어진다. 어서 빨리 천국에 가고 싶다. 그럴 때 마음을 지키는 것이 굉장히 중요하다.

평온한 마음은 육신의 생명이나 시기는 뼈를 썩게 하느니라

잠언 14장 30절

마음의 즐거움은 양약이라도
심령의 근심은 뼈를 마르게 하느니라 잠언 17장 22절

사람의 심령은 그의 병을 능히 이기려니와
심령이 상하면 그것을 누가 일으키겠느냐 잠언 18장 14절

다음 말씀도 주의 깊게 살펴보자.

보옵소서 내게 큰 고통을 더하신 것은 내게 평안을 주려 하심이라
주께서 내 영혼을 사랑하사 멸망의 구덩이에서 건지셨고
내 모든 죄를 주의 등 뒤에 던지셨나이다 이사야서 38장 17절

그동안 나는 이 구절이 잘 이해되지 않았다. 평안을 주려고 큰 고통을 더하셨다니 이상하지 않은가? 놀리는 것 같다. 그런데 큰 고통을 당해보니 이 말씀을 이해할 수 있었다. 한마디로 그동안 나는 고통을 덜 당해서 평안을 느끼지 못했던 것이었다. 암이라는 정말 큰 고통을 당하게 된 후에야 나는 이 세상이 줄 수 없는 평안을 경험하게 되었다.

정말 성경이 말 그대로 다 진리임을 느낄 수 있었다.

좁은 문으로 들어가다

아프고 난 후 많은 성도님들이 내게 이렇게 말했다.

"아, 석경이 너무 불쌍하다. 일찍 죽게 돼서 불쌍하다."

깜짝 놀랐다. 말로는 천국을 소망한다면서 천국을 소망하지 않는 모습이었다. 천국을 소망한다면 죽음을 어떻게 불쌍해할 수 있겠는가. 물론 우리가 천국에서 다시 만날 때까지 이별을 해야 되기 때문에 헤어지는 슬픔이 있다. 하지만 성도의 죽음은 영원한 영광에 들어가는 기쁜 일이다. 성도라면 그날을 소망해야 한다.

나는 이런 말들을 들으며 성도들이 철저히 '나 중심, 현세 중심'에 살고 있음을 깨닫게 되었다. 이는 성경의 가르침에서 완전히 빗나간 사고다. 건강하고 평안하게 사는 것이 축복이라는 생각이 깊숙이 뿌리 박혀 있다. 교회 안에서도 돈이 많고 건강하며 자식들이 좋은 대학에 간 사람들을 보면 다 부러워하고 하나님이 축복해주셨다고 생각한다. 본인도 다른 사람들보다 자기가 더 축복을 받았다고 생각한다. 성경 어디에도 돈 많은 것, 건강한 것, 자녀가 좋은 대학에 간 게 축복이라고 쓰여 있지 않다. 예수님이 분명히 말씀하신다.

좁은 문으로 들어가라

멸망으로 인도하는 문은 크고 그 길이 넓어

그리로 들어가는 자가 많고

생명으로 인도하는 문은 좁고 길이 협착하여

찾는 자가 적음이라 마태복음 7장 13,14절

당신은 좁은 문으로 들어가고 있는가, 아니면 멸망으로 인도하는 크고 넓은 문으로 들어가는 자를 부러워하고 있는가? 이 말씀 뒤에 16절에서 이렇게 말씀한다.

그들의 열매로 그들을 알지니

당신의 삶 속에서 복음의 능력으로 아름다운 열매를 맺고 있는가, 아니면 하나님께서 주시는 축복에 만족하며 살고 있는가? 하나님께서 찾으시는 한 사람의 예배자가 되기 위해서 치열하게 자기 자신과 싸우고 있는가, 아니면 아름다운 예배당에서 은혜 받는 데 만족하고 있는가? 내 삶 속에서 복음의 능력을 발휘하고 있는가? 우리 가정이 복음의 능력을 발휘하고 있는가? 우리 교회가 복음의 능력을 발휘하고 있는가?

나는 교인들의 현세 중심적 생각이 철저히 깨지고 복음으로 완전히 새롭게 되도록 돕고 싶은 마음을 갖게 되었다. 생각뿐만 아니라 마음속의 소망까지도 주님의 소망과 같아지게 되는 것이 내 소망이다. 우리 가정이, 우리 목장이, 우리 교회가 복음의 능력을 발휘하는 건 간단하다. 나 자신이 하나님 앞에 참된 예배자로 서는 것이다. 나 한 사람이 하나님이 찾으시는 온전한 예배자가 될 때 나를 통해 하나님께서 우리 가정을, 우리 목장을, 우리 교회를, 우리나라를 축복하신다.

나는 내가 경험한 이 놀라운 복음의 능력이 나와 당신 안에서 역사해서 우리 모두가 하나님께서 찾으시는 그 한 사람, 하나님과 동행하는 사람, 하나님 뜻대로 사는 사람, 하나님을 기쁘시게 하는 참된 예배자가 되기를 주님의 이름으로 축복한다.

내 행복의 비결

나는 완벽하게 행복하다

나를 처음 만나는 사람 중에 내가 암환자임을 먼저 알아차리는 사람은 거의 없다. 내가 암환자라고 고백하면 농담하는 줄 안다. 그만큼 나는 행복하고 기쁘다. 왜냐하면 나는 하나님이 지으신 목적대로 살려고 하기 때문이다. 내가 병이 낫는 것을 목표로 살았다면 불행했을 것이다. 하지만 나는 상황이 내 행복을 좌우할 수 없다는 것을 굳게 믿는다. 상황이 어려우면 불행하고 상황이 좋으면 행복하다는 생각은 큰 착각이다. 완벽한 상황 속에서도 불행한 사람은 얼마든지 있다.

당신은 행복할 수 있다. 육신의 고통이 극심해도 행복할 수 있다. 왜냐하면 예수 그리스도 때문이다. 암에 걸려서 힘들었던 점 중의 하나는 나는 암에 걸려서 감사한데, 남들은 나를 불쌍하게 여긴다는 점이었다. 싱글이어서 힘든 점과 비슷하다. 나는 결혼한 사람들이 부럽지 않다. 세상 어떠한 남편도 줄 수 없는 사랑을 이미 예수님께 받았기 때문이다.

내 삶의 목적

하나님은 우리를 만드셨다. 그래서 우리는 하나님의 피조물이라고 불린다. 피조물이기 때문에 우리는 창조 목적대로 살아야만 행복할 수 있다. 하나님 뜻대로 살면 어딘가 손해보는 듯하고 희생하는 것처럼 보인다. 그러나 사실 우리는 그분이 지으신 목적대로 살 때에만 행복하고 천국을 깨달을 수 있다. 그래서 내 삶의 목표는 병 낫는 것이 아니다. 하나님이 나를 지으신 목적대로 사는 것이다.

그렇다면 하나님이 나를 지으신 목적은 무엇인가? 성경에 그 목적이 나와 있다.

이 백성은 내가 나를 위하여 지었나니
나를 찬송하게 하려 함이니라 이사야서 43장 21절

다 아는 이야기라고 생각하는데 실제로는 잘 모른다. 많은 사람이 하나님이 나를 위해 존재한다고 착각한다. 주님을 요술 램프 지니처럼 생각한다. 그래서인지 기도를 들어주지 않으시면 원망한다. 그러나 하나님은 나를 위해 존재하시는 분이 아니다. 내가 하나님을 위해 존재하는 것이다. 이 사실을 잊어버리면 인간은 불행해진다. 하나님은 그분을 위해 우리를 지으셨다. 그래서 우리는 하나님이 우리를 지으신 목적대로 살 때에만 행복한 것이다.

내 이름으로 불려지는 모든 자
곧 내가 내 영광을 위하여 창조한 자를 오게 하라
그를 내가 지었고 그를 내가 만들었느니라 이사야서 43장 7절

우리는 하나님을 위해서 창조되었다. 그분의 영광을 위해서 창조되었다는 사실은 하나님을 믿지 않는 사람에게도 적용되는 진리다. 그들에게도 확실히 말할 수 있다. 인간은 하나님이 지으신 뜻대로 살아야만 행복하다. 그런데 왜 힘든가?

마음속 깊은 곳을 들여다보면 자기 영광을 위해서 살기 때문이다. 나는 병에 걸리고 나서 육체적 고통 속에서도 행복하고 기쁜 내 모습을 보면서 복음의 능력을 깨달았다.

여기서 잠시 내 육신의 고통에 대해 이야기하겠다. 나는 몸에

암 덩어리가 있다 보니 장에서 매일 피와 살이 떨어져 나온다. 어떤 날은 정말 숨도 못 쉰다. 인간이 느낄 수 있는 고통을 1에서 10으로 표현한다면, 나는 거의 10까지 경험해본 듯하다(물론 더 큰 고통이 있을지도 모르지만).

처음 아프기 시작하면서 창자가 끊어지는 고통을 느낄 때 나는 정말 많이 울었다. 십자가의 고통이 생각나 더더욱 울었다. '내가 아무리 고통스러워도 예수님이 당한 고통에 비할 수 있을까?' 내 죄에 대해서도 생각했다. 나는 내 육신을 잘 관리하지 못해서 고통을 겪는 것이지만, 예수님은 아무 죄도 없이 고통을 당하셨다. 아무런 죄도 없으셨는데 나 때문에 고통당하신 것이 너무 슬펐다. 물론 그 전에도 예수님의 고통당하심을 알았지만, 내가 육신의 고통을 경험하게 되니까 그 십자가 고통이 굉장히 다르게 느껴졌다.

더더군다나 예수님은 육신의 고통뿐 아니라 수치까지 당하셨다. 군관들이 예수님의 옷을 다 벗겼다. 나는 옷이라도 입고 다니지만, 예수님은 옷을 벗은 상태에서 수치와 조롱을 당하셨다. 그 시대에 옷을 벗긴다는 건 지금 시대와 굉장히 다른 수치다. 예수님을 생각하니 가슴이 아팠다.

수많은 암환자들이 살고 싶어서 발버둥치는데 죽는다. 오늘 죽을지 내일 죽을지 모른다. 힘들어하는 모습이 너무 애처롭다. 나는 암에 걸리기 전에도 죽음을 이기는 복음의 능력을 알고 전해왔지만, 암에 걸린 뒤 복음의 가치를 더 깊이 생각하게 되었다.

나는 내가 느낀 생각들을 혼자 갖고 있기가 너무 벅차서 여러 교회를 다니면서 설교했다. 이 좋은 복음을 나누고 싶어서였다. 물론 창조의 목적대로 살려고 노력을 하지만, 그렇다고 내가 죄를 짓지 않는 것은 아니다. 끊임없이 죄를 짓는다. 그런 나 자신을 바라보면 나는 절망감만 느낄 것이다. 계속 죄를 짓는 나 자신을 싫어하게 될지 모른다. 하지만 나는 주님의 긍휼을 바라본다.

내가 출애굽기를 좋아하는 이유는 끝없이 주님을 배신하는 이스라엘 백성을 끝없이 용서하시는 하나님을 만나기 때문이다. 하나님은 굉장히 많이 용서해주신다. 이스라엘 백성을 용서하신 동일한 하나님이 나를 용서해주신다고 생각하면 나는 늘 기쁘다. 그래서 나는 다음 성경구절을 가장 좋아한다.

예수께서 이르시되 내가 진실로 네게 이르노니
오늘 네가 나와 함께 낙원에 있으리라 누가복음 23장 43절

예수님은 십자가에 달린 강도가 과거에 저지른 죄에 대해 전혀 묻지 않으신다. 그저 단번에 이렇게 말씀하신다. 지금 나에게도, 당신에게도 이렇게 말씀하신다.

"오늘 네가 나와 함께 낙원에 있으리라."

암에 걸린 후 첫 생일을 앞둔 날 나는 생각이 복잡했다. 12월 6일이 내 생일이었는데, 의사의 말대로라면 그때가 마지막 생일이기 때문이었다. 내 삶을 돌아보게 되었고 마음이 굉장히 복잡했다. 어떻게 하면 마지막 생일을 의미 있게 보낼 수 있을지 고민이었다. 가족과 보내야 할지, 친구와 보내야 할지, 혼자 보내야 할지, 기도를 해야 할지 고민이었다. 최대한 기억에 남는 생일을 보내고 싶었다.

그러다가 생일 전날에 〈바닷길〉이라는 찬양을 알게 되었다. 오래전에 나온 찬양이라 많은 사람이 알고 있었는데, 나는 그때 처음 알았다. 나는 그 찬양을 주님의 음성으로 들었다. 마지막 생일을 앞둔 나에게 주님이 말씀해주시는 듯했다.

내 가는 길 그 멀고 험한

아무도 함께 가지 않는 그 광야 길

걸어가다 내 앞에 놓인 큰 바다

이제 더 이상 내 발을 내딛어

움직일 수 있는 곳은 없다고 느껴져

나 좌절하고 쓰러져 아무것도 하지 못할 때

그때 나를 만지는 손 나를 일으켜 세워

나의 갈 길을 다시 보라 하시며

내 앞의 바다를 가르시네

큰 바다가 갈라져 나의 길이 되었네

그가 말씀으로 바다를 명하시네

나는 다시 일어나 그의 길로 가겠네

다시 일어나 그가 가르신 저 바다로

– 이종현 사. 곡

진정으로 나를 자유롭게 한 말씀

내 행복의 또 하나의 비결은 진리다. 나는 진리가 나에게 자유를 준다는 사실을 알게 되었다.

진리를 알지니 진리가 너희를 자유롭게 하리라 요한복음 8장 32절

진리가 주는 자유가 내게 행복을 준다. 이 자유가 내게 생명을 준다. 나를 자유롭게 한 진리 세 가지를 나누고 싶다.

내가 꼭 먹어야 하는 음식

우리는 건강이 우상인 사회에 살고 있다. 나는 텔레비전을 잘 안 보는데, 건강 관련 프로그램이 짜증나서 못 볼 정도로 넘쳐난다. 건강식품도 넘쳐난다. 암에 걸린 후 나는 전화를 500통

가까이 받았다. 개똥 쑥이나 버섯 등 암에 좋다는 치료법을 권유하는 전화가 얼마나 오는지 나중에는 전화기를 꺼뒀을 정도였다.

물론 먹는 게 중요하긴 하다. 나는 2013년 6월에 내적치유 세미나를 갔는데, 일어날 수가 없어서 2박 3일 동안 뒤에 누워 세미나를 들었다. 그 전까지 나는 감사함으로 먹으면 다 되는 줄 알고 나쁜 것도 많이 먹었다. 그랬던 내가 사촌 언니의 권유로 야채로 만든 그린 스무디를 먹고 기운이 생겨 강의를 하러 돌아다닐 수 있게 되었다.

내가 미국에서 유학하던 동네는 물가가 엄청 높았다. 한국보다 싼 게 딱 하나 있었는데 바로 소고기였다. 그때 나는 공부하다 기운이 없다고 느낄 때면 소고기를 먹었다. 야채를 먹고 싶을 때도 있었지만, 그곳은 야채가 비싸기도 했고 당연히 고기를 먹어야 기운이 날 거라고 생각했다. 그런데 힘을 주는 것은 소고기가 아니라 야채였다. 신기했다.

그렇다고 음식이 병을 낫게 해주는 결정적인 요소는 아니다. 많은 건강 프로그램이 이 점을 뒷받침해준다. 텔레비전에 나오는 의사들은 이 음식을 먹어야 할지 말아야 할지에 대해 논쟁한다. 어떤 의사는 암환자가 회를 먹어도 된다고 하고, 어떤 의사는 안 된다고 한다. 결국 그들에게도 정답은 없는 것이다. 하지만 우리가 꼭 먹어야 하는 음식이 있다.

사람이 떡으로만 사는 것이 아니요

여호와의 입에서 나오는 모든 말씀으로 사는 줄을

네가 알게 하려 하심이니라 신명기 8장 3절

예수님도 마태복음 4장 4절과 누가복음 4장 4절에서 이 말씀을 인용하셨다. 나는 이 말씀을 몸으로 경험했다. 5월에 한국에서 건강검진을 받기 전, 나는 미국에서 한국에 가면 먹고 싶은 음식 리스트를 적었다. 그중 최우선순위에 있는 것이 돼지고기였다. 돼지고기 음식은 미국에서 구하기가 힘들어서 그런지 더더욱 생각났다. 삼겹살과 김치를 불판에 구워 상추에 싸 먹으리라 다짐했다. 감자탕도 높은 순위에 올라 있었다. 그런데 건강검진 결과를 듣는 순간 절망할 수밖에 없었다. 마음속에 돼지고기를 향한 갈망이 있는데, 암 때문에 못 먹게 되니 더더욱 먹고 싶었다.

길거리를 지나다가 삼겹살 간판을 보기만 해도 침이 흘렀다. 내가 좋아하는 돌곱창도 생각나서 너무 괴로웠다. 별 생각을 다 했다. 엄마 몰래 먹을까도 생각해보고, 하나님께 이 욕구를 끊어달라며 기도도 드려보고, 혼자 결심도 해봤다. 하지만 그 갈망은 쉽사리 끊어지지 않았다. 그러던 어느 날, 스가랴서 설교를 들었다. 자주 듣지 못하는 본문의 설교를 주님이 나를 위해 들려주신 것이다.

스가랴서 7장 내용은 이렇다. 이스라엘인은 일 년에 한 번씩 금식하면서 제사를 드렸다. 전쟁에서 승리하기 위함이었다. 그런데 자꾸 전쟁에서 패하자 하나님께 여쭈었다.

"아휴, 어차피 질 텐데 금식을 또 해야 하는 겁니까?"

그러자 하나님이 말씀하셨다.

너희가 먹고 마실 때에 그것은 너희를 위하여 먹고
너희를 위하여 마시는 것이 아니냐 스가랴서 7장 6절

이 말씀은 이런 뜻이다. "너희는 날 위해 금식했다고 하지만, 사실 너희를 위한 것이 아니냐. 너희는 먹고 마시는 것 역시 너희를 위하여 하지 않았느냐." 목사님은 이 구절에 대한 설명 없이 본문을 그냥 읽으셨지만, 이 구절이 내 심장에 콕 박혔다. 자꾸 눈물이 났다. 말로는 주님을 위해 살겠다고 결심했지만, 사실 먹고 마시는 것 모두 나를 위해 했음을 깨달았다.

그날 엄청 회개했다. 그렇게 나를 위해 먹고 마신 모습을 깨닫고 나니, 삼겹살에 대한 욕구가 거짓말처럼 싹 사라졌다. 그후 사역자 회의 때 고기가 나와도 아무렇지 않았다. 먹고 싶은 욕구가 사라졌기 때문이다. 결심하고 난리쳤음에도 버리지 못했던 욕구를 진리의 말씀을 통해 단번에 버릴 수 있었다.

'진리의 말씀이 나를 변화시키는구나!'

나는 말씀이 내게 생명을 준다는 사실을 깨닫게 되었다. 그래서 사람들에게 그린 스무디도 권하지만, 사람이 떡으로만 사는 것이 아니라 여호와의 입에서 나오는 모든 말씀으로 산다는 사실을 더 강조한다. 당신은 말씀을 먹어야 한다. 그 말씀이 당신에게 생명을 준다.

> 내 아들아 내 말에 주의하며 내가 말하는 것에 네 귀를 기울이라
> 그것을 네 눈에서 떠나게 하지 말며 네 마음속에 지키라
>
> 잠언 4장 20,21절

그리고 다음 말씀이 정말 중요하다.

> 그것은 얻는 자에게 생명이 되며 그의 온 육체의 건강이 됨이니라
>
> 잠언 4장 22절

여기서 대명사 '그것'은 말씀을 가리킨다. 하나님 말씀을 얻는 자에게 생명이 있다. 그리고 건강이 된다. 정말 놀라운 말씀이다. 말씀을 얻으면 생명을 얻고 건강을 얻는다. 이것이 내가 깨달은 진리다. 이 진리는 내게 생명을 주었다. 그래서 일 년을 못 넘길 거라는 의사의 말과 달리 나는 말기암임에도 불구하고 긴 시간을 버텨왔다.

나의 생명을 부요케 하는 것

예수께서 이르시되 내가 곧 길이요 진리요 생명이니
나로 말미암지 않고는 아버지께로 올 자가 없느니라

요한복음 14장 6절

많은 사람이 이 말씀에 "아멘" 하지만, 하나님을 믿는다고 하는 사람들도 '내가 돈이 더 많다면 내 생명을 좀 더 연장할 수 있을 텐데'라고 생각하는 것을 봤다. 예수 그리스도만이 길이요 진리요 생명이라고 고백하고서는 사실 돈을 원한다.

나와 친한 언니는 만날 이렇게 말한다.

"내가 돈이 많으면 더 좋은 의사를 만날 수 있었는데, 지방에 사니까 이러네. 휴."

돈이 많아 더 좋은 의사를 만나고 더 좋은 병원에 간다면 조금 더 오래 살지도 모른다. 그러나 그것은 완벽한 사실이 아니다. 돈은 우리에게 생명을 줄 수 없다. 돈은 편안함만을 줄 수 있을 뿐이다.

내가 아는 사람 중에 큰 부자가 있다. 그도 암에 걸렸다. 그는 처음에 걱정하지 않았다. 돈이 많으니 자기 병이 나을 거라고 생각했다. 특실에서 최고급 의사들에게 진료받으면서 자신만만해했다.

어떻게 되었을까? 죽음을 앞두고서야 잘못된 생각임을 깨달 았다. 언젠가는 깨닫게 된다. 돈이 우리에게 건강을 주지 못한 다는 사실을. 그러니 죽기 전에 깨닫지 말고 지금 깨달으라. 그 것이 복이다. 돈만 더 있었어도 아프지 않고 잘 살았을 거라는 생각은 사실이 아니다. 사탄의 속임수다.

우리에게 생명을 주고 건강을 줄 수 있는 이는 오직 예수님뿐 이시다. 나의 문제를 나 자신처럼 관심 갖고 해결할 능력은 오 직 예수님께만 있다. 가족은 소중한 존재지만, 가족도 당신의 병을 고쳐줄 수는 없다. 그러나 예수님은 당신의 아픔을 마치 그분의 아픔처럼 느끼시며, 당신을 고쳐줄 능력까지 있으시다. 그러니 예수님만 의지하라. 우리가 의지할 이는 오직 예수님뿐 이다. 이것이 바로 내가 깨달은 진리다. 정말이지 예수님만이 진 리요 길이요 생명이시다.

이 땅의 삶보다 중요한 게 있다

세 번째로 내가 깨달은 진리는 다음 말씀이다.

이에 예수께서 제자들에게 이르시되
누구든지 나를 따라오려거든 자기를 부인하고
자기 십자가를 지고 나를 따를 것이니라
누구든지 제 목숨을 구원하고자 하면 잃을 것이요

누구든지 나를 위하여 제 목숨을 잃으면 찾으리라

마태복음 16장 24,25절

나는 누구든 자기 목숨을 구원하고자 하면 잃을 거라는 말이 진리라고 생각한다. 솔직히 건강을 외치며 목숨 거는 사람치고 건강한 사람을 못 봤다. 당신의 포커스를 생명에 두지 말라. 당신은 능력이 없다. 나는 풍욕을 열심히 해서 몸이 많이 좋아졌다. 하지만 풍욕이 암도 고쳐주는가? 아니다. 내가 하고 싶은 말은 이것이다.

사람이 만일 온 천하를 얻고도
제 목숨을 잃으면 무엇이 유익하리요
사람이 무엇을 주고 제 목숨과 바꾸겠느냐
인자가 아버지의 영광으로 그 천사들과 함께 오리니
그때에 각 사람이 행한 대로 갚으리라 마태복음 16장 26,27절

"각 사람이 행한 대로 갚으리라."
사후를 믿는 사람도 있고 안 믿는 사람도 있겠지만 이것은 현실이다. 얼마나 '오래' 사느냐가 아니라 '어떻게' 사느냐가 중요하다. 하나님이 우리가 행한 대로 갚으실 것이기 때문이다. 오늘 하루를 살아도 어떻게 사느냐에 목숨을 걸기 바란다. 정

말 목숨을 구하기 위해서가 아니라 하나님을 위해 목숨을 잃으며 살기 바란다.

이 땅에서는 오래 살아봤자 백 살이다. 암이 완치된다 해도 백 살이면 죽는다. 나는 마흔 살을 넘게 살았지만, 지금까지의 삶을 모두 기억하지는 못한다. 너무 빨리 지나갔다. 그러므로 이 땅에서의 삶도 중요하지만, 이 땅 후에 맞이할 삶이 더 중요하다. 이것이 내가 깨달은 것이다. 진리는 나를 자유롭게 한다.

주님 사랑에 잠겨 살다

내 행복의 세 번째 비결은 하나님의 사랑 안에 깊이 잠기는 삶을 추구하는 것이다. 나는 하나님의 사랑으로 맛보는 행복을 절절히 원한다. 당신도 하나님의 사랑에 깊이 잠겨서 살았으면 좋겠다. 냉온욕을 할 때 찬물에 발을 담글지 말지 계속 고민하다 결국 못 들어가는 사람이 있다.

하나님의 사랑 앞에서도 그런 사람이 있다. 하나님을 믿는다고 하면서 발을 좀 담가봤다가 아닌 듯하면 곧바로 발을 빼버린다. 찬물에 들어갈 때에는 고민하지 말고 그냥 팍 들어가야 덜 춥다. 목까지 바로 잠겨야 한다. 하나님의 사랑도 그러하다. 간보지 말라. 그냥 바로 들어가라. 그래야 나처럼 행복해진다.

많은 성도가 하나님을 사랑한다고 찬양하면서도 하나님의

사랑을, 예수님이 흘리신 피를 가볍게 여기는 것을 보면 가슴이 아프다. 나는 19년 동안 키우던 내 강아지 다롱이를 너무 사랑했다. 하지만 다롱이를 위해 개가 될 수는 없다. 나와 다롱이의 차이가 큰가, 하나님과 나의 차이가 더 큰가? 비교할 수도 없이 하나님과 나의 차이가 더 크다. 나도 개가 되기 싫은데, 신이신 하나님이 미천한 인간의 모습으로 이 땅에 오셨다. 죽기 위해 이 땅에 오셨다. 그 사랑은 내게 행복을 준다.

예수님은 가장 낮은 곳으로 임하셨다. 나는 예수님이 그렇게 가장 낮은 곳으로 임하신 이유가 그분이 우리의 고통을 모두 다 알고 계심을 알려주시기 위함이라고 생각한다. 지금 경제적으로 불만인 사람이 있을 것이다. 돈이 조금만 더 있었으면 좋겠다고 생각하며 힘들어하는 이들이 주위에 많다. 그런데 우리 가운데 말구유에서 태어난 사람이 있는가? 누가복음 2장 7절을 보면 "첫아들을 낳아 강보로 싸서 구유에 뉘었으니 이는 여관에 있을 곳이 없음이러라"라고 했다.

나는 예수님이 일부러 구유에서 태어나셨다고 생각한다. 이 세상에서 가난한 사람의 마음도 아심을 보여주기 위해서. 말로만 "나도 네 마음 알아"라고 하는 건 소용이 없다. 암에 걸린 나에게 친구들이 "네 마음 알아" 하면 때리고 싶다. 경험해보지 못했는데 내 마음을 어떻게 아는가? 그러나 예수님은 경험해서 아신다. 그래서 가장 낮은 곳으로 임하셨다.

또 내가 굉장히 감동받은 것 중 하나는 예수님이 요단강에서 침례를 받으신 일이다. 예수님이 우연히 요단강에서 침례를 받으셨을까? 이스라엘에 있는 강이라서? 모든 강이 다 지표로 흐른다. 그런데 요단강은 지표보다 낮은 곳에 있다. 이 세상 모든 강의 지표 높이를 재면, 요단강이 제일 낮다고 한다. 나는 이것이 우연이라고 생각하지 않는다. 나는 예수님이 일부러 가장 낮은 강을 택하여 침례를 받으셨다고 생각한다. 우리가 어떤 고통 가운데 있는지 그 고통을 다 아신다는 것이다.

하나님의 사랑은 힘든 삶 속에서 우리에게 힘과 능력과 생명을 준다. 왜냐하면 주님이 그 고통을 다 겪어서 아셨기 때문이다.

영원한 삶, 사후대책 세우기

내 행복의 마지막 비결은 주님과 함께하는 영원한 삶을 소망하는 것이다. 그 소망은 나를 행복하게 한다. 이 땅이 끝이라면 아무 소용이 없을 것이다. 그러나 우리에게는 이 땅 뒤의 삶이 있다. 나는 그 뒤를 소망한다.

요즘 사람들은 노후대비에 굉장히 열심이다. 보험도 들고 주식에도 투자하고 부동산도 산다. 안타까운 것은 사람들이 그렇게 노후대책은 열심히 하면서 사후대책은 전혀 안 한다는 점이다. 100년은 금방 간다. 노후대책만 잘 세웠다고 자신만만해서는 안 된다. 사후대책까지 세워야 진정 지혜로운 사람이다. 우리 삶의 소망, 삶의 계획은 영원한 삶을 전제로 세워져야 한다.

> 우리가 잠시 받는 환난의 경한 것이 지극히 크고 영원한
> 영광의 중한 것을 우리에게 이루게 함이니 고린도후서 4장 17절

우리가 이 땅에서 받는 환난은 잠시잠깐일 뿐이다. 우리에게는 지극히 크고 영원한 영광이 기다리고 있다.

> 우리가 주목하는 것은 보이는 것이 아니요 보이지 않는 것이니
> 보이는 것은 잠깐이요 보이지 않는 것은 영원함이라
>
> 고린도후서 4장 18절

보이는 것에 집착한다면 나는 웃으면서 살 수 없을 것이다. 매일 피가 나고 내 살이 떨어지는 게 보이는데 어떻게 그럴 수 있겠는가. 강의를 들을 때면 항상 나는 소파나 회전의자에 앉는다. 배 속에 있는 암 덩어리 때문에 일반 의자에 앉아 있으면 굉장한 고통이 느껴지기 때문이다. 그나마 제일 푹신한 의자에 앉아 고통을 조금이라도 줄여보려고 노력한다. 그러나 이 고통은 잠깐이다. 영원한 영광이 나를 기다리고 있다.

생각하건대 현재의 고난은 장차 우리에게 나타날 영광과

비교할 수 없도다 로마서 8장 18절

당신은 오는 고난을 막을 수 없다. 하지만 그 고난에 어떻게 반응할지는 선택할 수 있다. 많은 사람이 불행을 선택해놓고 하나님을 원망한다. 그러나 우리는 고난 속에서도 행복하기를 선택할 수 있다. 하나님은 우리가 행복하기를 원하신다. 하나님은 우리가 창조의 목적대로 그분께 영광을 돌리면서, 생명 되시는 예수 그리스도의 진리의 말씀에 의지하며, 하나님이 원하시는 대로 행복하게 살기 바라신다.

나에겐 주님의 보혈밖에 없다

지금까지 내 행복의 비결을 나누었다.

예수님이 나를 위해 피 흘려주셨음을 믿지 않거나 예전에는 조금 믿었다가 지금은 믿지 않고 하나님과 상관없이 사는 사람이 있을지 모르겠다. 상관없다. 당신이 예전에 어떻게 살았는지는 전혀 문제가 안 된다. 예수님은 자기 옆 십자가에 달린 강도에게 "오늘 네가 나와 함께 낙원에 있으리라"고 하셨다. 그의 과거를 묻지 않으셨다. 예수님은 우리 모두를 위해 피 흘려주셨다.

요한복음 19장 34절은 "그중 한 군인이 창으로 옆구리를 찌르니 곧 피와 물이 나오더라"라고 증언하고 있다. 피와 물이 분리되어 나왔다. 독일 의학자들이 이걸 연구해보니, 온몸의 피가 거의 다 쏟아졌을 때 마지막으로 피와 물이 나온다고 한다. 보통은 피만 나오고 물은 안 나온다. 이는 곧 예수님은 피를 한 방울도 남기지 않고 우리를 위해 모두 쏟아부으셨다는 뜻이다.

당신이 믿든 믿지 않든 이것은 사실이다. 예수님의 보혈이 모두 쏟아졌다. 그 보혈이 당신에게 생명을 준다.

실제 사형장에 세워진 십자가는 굉장히 높았다. 사람 키의 두 배 정도 되었다. 예수님이 십자가에 달려 계신 장면을 상상해보라. 당신도 알다시피 예수님은 손목에 굉장히 큰 못이 박히셨고, 포개진 두 발등에 못이 박히셨다. 그러면 엄청난 피를 흘리게 된다. 피가 온몸에서 흘러 예수님의 발등을 타고 바닥으로 떨어진다. 뚝뚝뚝. 높은 십자가, 그 위에 달리신 예수님, 그분의 발등 밑으로 뚝뚝 떨어지는 피. 그 아래 무릎 꿇고 있는 당신의 모습을 상상해보라.

그분의 피가 뚝뚝 떨어져서 당신의 정수리에 닿는다. 계속 떨어져서 당신의 머리를 덮고, 결국 목을 타고 내려가 어깨를 덮고 허리를 지나 무릎을 덮는다. 그리하여 결국 당신의 온몸을 빨간 보혈이 덮는 장면을 상상해보라. 그 보혈이 얼마나 능력이 있는지 당신의 죄가 모두 사함받았다. 당신이 지금까지 어떻게 살았고 어떤 죄를 지었는지 상관없이 그 피가 당신의 모든 죄를 다 녹여버린다.

만일 당신이 하나님을 믿지 않는다면 하나님께 이렇게 얘기해보라.

"저, 예수님 몰라요. 예수님이 저를 위해 피 흘려주셨다는데 저는 느끼지 못해요. 예수님, 살아 계시다면 저를 만나주세요."

예수님을 이미 영접한 사람이라면 기도하며 당신의 죄를 회개하라. 그러면 지금 당신을 덮고 있는 그 피가 당신을 깨끗케 할 것이다.

암에 걸린 뒤 내게 큰 은혜가 된 찬양이 두 곡 있다. 한 곡은 〈벼랑 끝에서 일어서리라〉인데, 제목을 듣자마자 그냥 눈물이 왈칵 쏟아졌다. 벼랑 끝에 서보지 않은 사람은 이 찬양이 와 닿지 않을 수 있다. 그러나 내게는 이 찬양이 굉장히 많은 힘이 됐다. 곡을 만든 사람도 큰 병을 앓은 건 아닌가 싶을 정도였다.

내 삶의 벼랑 끝에서
내가 할 수 있는 것이 없을 때
눈물과 두려움에 떨고 있을 때
주님 나를 찾아오시네
주 앞에 나아가리라
내 영혼 주의 얼굴 구하리
주 없이 나는 아무것도 아니요

오직 주님만 의지하리라
벼랑 끝에서 일어서리라
약한 나를 강하게 하시는 주의 은혜로
주님 크신 손으로 나를 붙들어주시고
마침내 승리하게 하시리
— 장재기 사, 곡

인간은 누구나 잘 지낸다고 생각하다가도 어느 순간 자신이 벼랑 끝에 서 있는 것 같다고 느낄 때가 있다. 그때 이 찬양을 기억했으면 좋겠다. 약한 나를 강하게 하시는 주의 은혜로 당신이 마침내 승리하게 될 것을 믿는다.

내게 큰 은혜가 된 또 다른 찬양은 〈주의 손에 나의 손을 포개고〉이다. 처음에 이 찬양을 듣고 많이 울었다. 왜냐하면 이 가사의 후렴구 때문이다.

주의 손에 나의 손을 포개고
또 주의 발에 나의 발을 포개어
나 주와 함께 죽고 또 주와 함께 살리라
영원토록 주 위해 살리라
— 주영광 사, 곡

이렇게 살고 싶었지만, 사실 나는 전혀 이렇게 살지 못했다. 이 찬양을 듣고 참 많이 울었다. 그런데도 내가 이 찬양을 또 부르고 싶은 것은 정말 이 찬양의 가사가 나의 고백이 되었으면 하기 때문이다. 이 가사의 시작은 이렇다.

주 보혈 날 정결케 하고
주 보혈 날 자유케 하니
주 앞에 나 예배하는 이 시간
나의 모든 것을 주께 드리네

정말 우리를 정결케 하는 것은 주님의 보혈뿐이다. 우리를 자유케 하는 것도 주님의 보혈뿐이다. 평생 주의 보혈이 나와 당신을 정결케 하고 자유롭게 하길 소망한다.

2

PART

우리가 하나님에 대해
오해하는 것들

너희를 향한 나의 생각을 내가 아나니 평안이요 재앙이 아니니라

너희에게 미래와 희망을 주는 것이니라

예레미야서 29장 11절

3
chapter

나는
누구인가

　많은 사람이 예수님을 믿는다고 하고 교회를 오래 다니면서도 자신이 누구인지 모른다. 하나님의 자녀가 된다는 게 어떤 의미인지 모른다. 하나님을 모르기 때문이다. 교회를 사오십 년 다닌 권사님이나 장로님도 하나님을 모른다. 그래서 많은 사람이 비신자와 별로 다르지 않게 살아가고 있다. 이는 분명 잘못된 것이다. 예수님을 믿는 순간 우리 삶은 이전과 같을 수가 없다. 하나님의 자녀가 되는 그 순간, 우리 삶은 달라진다. 이전과 같은 모습으로 산다면 뭔가 잘못된 것이다.

　내가 누구인지 모르면 내 안에 대단한 능력이 있어도 발휘하지 못한다. 진정 나 되는 것의 시작은 나를 아는 것에서 출발한다. 나에 대해 모르면서 어떻게 나답게 살 수 있겠는가. 어떤 사람과 결혼한다고 상상해보라. 그 사람을 모르면 사랑할 수 없다. 나 자신도 마찬가지다. 내가 누구인지, 하나님이 나를 어떤 사람으로 만드셨는지, 또 하나님의 자녀가 된다는 게 어떤 의미인지 앎으로써 우리는 삶의 모든 영역에서 하나님의 뜻대로 살아갈 수 있다.

내가 누구인지 알려면 하나님을 알아야 한다. 그러나 많은 사람이 하나님을 오해하고 있다. 성경에 하나님이 누구이신지 다 나와 있는데, 일단 성경을 읽지 않는다. 그리고는 내가 생각하는 하나님의 모습을 믿고 있으니 하나님을 오해할 수밖에 없다. 결국 하나님을 원망하거나 하나님이 주신 능력을 제대로 발휘하지 못한다.

지금부터 하나님에 대한 오해를 풀고 하나님을 제대로 알아가자. 그리고 올바른 렌즈로 우리 자신을 보면서 우리가 누구인지 살펴보도록 하자.

나에게 벌어지는 일이 다 하나님 뜻?

하나님에 대한 우리의 가장 큰 오해는 '나에게 벌어지는 일이 결국 다 하나님 뜻이다'라는 생각이다. 만일 아버지가 암으로 돌아가신다면 그것이 하나님의 뜻이라고 생각한다.

'다른 아버지는 건강한데, 우리 아버지는 왜 암으로 돌아가셨나?'

열심히 공부하지 않은 다른 친구들은 대학에 가고 열심히 공부한 나는 대학에서 떨어져버렸다. 그러자 주변에서 다 하나님의 뜻이라고 한다. 그래서 이렇게 받아들인다.

'어? 하나님이 날 겸손하게 쓰시려고 떨어뜨리셨나봐.'

이처럼 많은 사람이 하나님의 주권을 오해한다. 하나님의 주권이란 전지전능하신 하나님이 자신의 선한 뜻대로 행하심을 의미한다. 물론 하나님은 만물을 주관하시는 분이다. 그러나 그렇다고 우리에게 벌어지는 모든 일이 다 하나님의 뜻인 것은 아니다.

하나님의 주권을 오해하면 무슨 일이 벌어지는가? 내 잘못으로 겪는 어려움, 심지어 내가 지은 죄까지도 하나님이 허락하신 것이라고 착각하게 된다. 그래서 우리는 하나님의 주권에 대해 정확하게 이해해야 한다.

극단적인 예이지만, 내가 어렸을 때 강간을 당했다고 가정해보자. 그 또한 하나님의 뜻인가? 하나님의 주권을 오해하면 끝도 없이 그렇게 된다. 어떤 사람에게 전도를 했는데 믿지 않는다면, 그 또한 하나님의 뜻이라고 생각하게 된다. 하지만 하나님의 뜻은 한 사람도 잃어버리지 않고 예수님 앞으로 돌아오게 하는 것이다.

많은 사람이 하나님의 주권을 오해하면서 그분을 억울하게 만들고 사탄을 억울하게 만든다. 뭐가 잘못되면 다 하나님의 뜻이거나 사탄 때문이라고 생각하니, 아마 사탄도 어리둥절할 것이다. '어? 난 아무 일도 안 했는데?'

우리는 성경의 가르침을 정확하게 이해해야 한다. 하나님은 전지전능하신 분이다. 하나님께 그 누구도 명령할 수 없다. 그러나 하나님은 스스로 그분의 능력을 제한하신다. 우선 하나님은 하나님이 하신 약속의 말씀에 스스로 구속되신다. 그래서 우리는 하나님이 무슨 일을 하실지 몰라 불안해할 필요가 전혀 없다. 하나님이 약속의 말씀대로 행하실 것이기 때문이다.

이것을 모르면 우리는 늘 불안하게 된다. 하나님이 자기 마음대로 행하실까봐 아무리 기도해도 확신하지 못한다. 이처럼 하나님의 주권을 오해하면 확신이 없다. 그러나 성경은 하나님의 주권에 대해 확실히 설명한다.

> 내가 주의 성전을 향하여 예배하며 주의 인자하심과
> 성실하심으로 말미암아 주의 이름에 감사하오리니
> 이는 주께서 주의 말씀을 주의 모든 이름보다 높게 하셨음이라
>
> 시편 138편 2절

무슨 말인가? 주의 모든 이름(하나님, 여호와, 예수 그리스도)보다 주의 말씀을 스스로 높게 하셨다는 것이다. 이는 스스로 그 말씀에 구속되셨다는 뜻이다.

> 너희가 온 마음으로 나를 구하면
> 나를 찾을 것이요 나를 만나리라 예레미야서 29장 13절

어떤 사람이 하나님을 찾는다. 하나님이 그를 살펴보신다. '얘의 20년 삶을 보니 영 글렀네. 얘는 만나주지 말아야겠다.' 하나님께는 이런 능력이 있지만 그러지 않으신다. 스스로 약속의 말씀에 구속되셨기 때문이다.

> 내 언약을 깨뜨리지 아니하고 내 입술에서 낸 것은
> 변하지 아니하리로다 시편 89편 34절

하나님은 그분 입술에서 낸 것은 결코 변하지 않을 것이라고 약속하셨다. 그러므로 당신은 그것을 믿고 나아가면 된다.

> 그를 향하여 우리가 가진 바 담대함이 이것이니
> 그의 뜻대로 무엇을 구하면 들으심이라
> 우리가 무엇이든지 구하는 바를 들으시는 줄을 안즉

우리가 그에게 구한 그것을 얻은 줄을 또한 아느니라

요한일서 5장 14,15절

하나님의 주권을 오해하면, 평생 구해도 얻은 것을 알 수가
없다. 그러나 하나님의 주권을 이해하면 얻었음을 다 믿을 수
있다. 하나님은 우리가 구하면 받은 줄로 믿으라고 말씀하셨
다. 구하면 주신다고 했다. 이 주권을 이해하면 확신 가운데 담
대함을 가질 수 있다.

그러므로 내가 너희에게 말하노니
무엇이든지 기도하고 구하는 것은 받은 줄로 믿으라
그리하면 너희에게 그대로 되리라 마가복음 11장 24절

우리가 기도하고 받은 줄로 확신할 수 있는 이유는 하나님이
약속의 말씀에 구속되시기 때문이다.

하나님이 주신 자유의지에 대한 오해

하나님에 대한 우리의 두 번째 오해는 '하나님이 우리에게 자
유의지를 주셨다'는 것과 관련이 있다. 우리에게 자유의지가 있
음을 모르는 사람은 없다. 하나님이 우리를 로봇으로 만들지

않으셨다는 소리를 많이 들어봤을 것이다. 하나님은 인격적인 분이시고, 우리의 자유의지를 존중하시는 분이다. 그 자유의지 내에서 하나님은 그분의 능력을 스스로 제한하신다. 그런데 우리가 자유의지를 오해하게 되면 다 하나님 탓으로 돌리게 된다.

창세기에서 하나님은 선악과를 먹지 말라고 하셨다.

여호와 하나님이 그 사람을 이끌어 에덴동산에 두어
그것을 경작하며 지키게 하시고…
선악을 알게 하는 나무의 열매는 먹지 말라
네가 먹는 날에는 반드시 죽으리라 하시니라 창세기 2장 15,17절

그런데 뱀이 여자를 찾아와 이렇게 말했다.

너희가 결코 죽지 아니하리라 너희가 그것을 먹는 날에는
너희 눈이 밝아져 하나님과 같이 되어 선악을 알 줄
하나님이 아심이니라 창세기 3장 4,5절

하나님은 분명히 말씀하셨다. "먹으면 반드시 죽으리라."
그러나 뱀은 이렇게 말했다. "너희가 결코 죽지 아니하리라."
만약 자유의지 내에서 하나님이 그분의 능력을 제한하지 않으셨다면, 하와가 죄에 빠진 것은 하나님 탓이 된다. 이렇게 생

각하기 시작하면 잘못된 신앙으로 빠지는 것이다. 그러나 하나님은 우리에게 자유의지를 주셨고 우리를 인격적으로 존중하신다. 그래서 스스로 그분의 능력을 제한하셨다.

여자가 그 나무를 본즉 먹음직도 하고 보암직도 하고
지혜롭게 할 만큼 탐스럽기도 한 나무인지라 창세기 3장 6절

인간은 자기 스스로 유혹에 빠졌다. 그래서 자기 의지로 선악과를 먹었다.

여자가 그 열매를 따 먹고 자기와 함께 있는
남편에게도 주매 그도 먹은지라 창세기 3장 6절

사업을 할 때마다 실패하는 교회 친구가 있었다. 내 눈에는 그 친구가 사업에 실패하는 이유가 보였다. 본인의 잘못 때문이었다. 그러나 그 친구는 자꾸 하나님이 시련을 통해 자신을 성숙하게 하신다고 말했다. 하나님은 당신을 성숙하게 하려고 시련을 주는 잔인하신 분이 아니다. 하나님은 인격적이신 분이다. 하나님은 당신이 성공하길 원하셔서 당신에게 능력을 주고 기다리신다. 그러나 당신이 자유의지를 잘못 사용해서 그것을 놓치고 있을 뿐이다. 이런 경우가 굉장히 많다. 이 사실을 깨달

으면 고칠 수 있다. 새로 시작할 수 있다. 그러나 비극은 우리가 자유의지로 행동한 결과를 모두 하나님 탓으로 돌리는 데 있다.

'전지전능하신 하나님이 날 도와주시려면 벌써 도와주셨겠지.'

그렇지 않다. 당신이 자유의지를 발휘하는 이내에서 하나님은 그분의 능력을 스스로 제한하신다. 그래서 하나님은 하와가 선악과를 따 먹도록 내버려두셨다. 하와를 사랑하지 않아서가 아니다. 전지전능하신 하나님이 왜 에덴동산을 만들어 선악과를 두셨겠는가? 죄를 지어서 나갈 것을 알고도 만드신 이유는 무엇이겠는가?

자유의지 내에서는 스스로 능력을 제한하신다는 것이다. 하나님이 우리를 로봇으로 만들지 않으신 것은 인격적으로 대하고 싶었기 때문이다. 그래서 하나님은 우리에게 자유의지를 주셨다. 자유의지가 얼마나 소중한지 알겠는가. 그러나 우리가 자유의지를 잘못 사용한 결과는 무섭다. 그 모든 결과가 우리에게 돌아오기 때문이다.

만약 당신이 남자를 사귄다고 해보자. 누군가를 만나고 헤어지고, 다른 누군가를 다시 만난다. 지금까지 다섯 명과 사귀어봤다. 그런데 모두 나쁜 남자다. 그러면 하나님을 향해 '왜 내가 그 사람과 사귀는 것을 막지 않았느냐'고 원망한다.

하나님은 우리가 자유의지를 발휘하는 한 우리를 막지 않으신다. 그래서 우리는 성령님의 음성을 듣고 그 음성에 순종하여 자유의지를 쓰는 것이 중요하다. 하나님은 선악과를 먹으면 분명히 죽으리라고 말씀하셨다. 만약 하와가 그 음성에 순종하여 자유의지를 썼다면, 선악과를 먹지도 않고 에덴동산에서 쫓겨나지도 않았을 것이다.

다음 구절은 놀라운 말씀이다.

내가 오늘 하늘과 땅을 불러 너희에게 증거를 삼노라
내가 생명과 사망과 복과 저주를 네 앞에 두었은즉
너와 네 자손이 살기 위하여 생명을 택하고 신명기 30장 19절

하나님은 생명과 사망과 복과 저주 모두 우리가 선택한 거라고 말씀하신다. 이를 강조하기 위해 하늘과 땅을 불러 증거를 삼으셨다. 하나님이 우리에게 주신 자유의지는 소중하고 놀라운 것이다. 그러나 당신이 오해하지 말아야 할 것은 그 자유의지를 쓴 결과는 하나님 탓이 아니라 당신 책임이라는 사실이다. 당신이 지금까지 살면서 자유의지를 어떻게 써왔는지 생각해보라. 선악과를 따 먹으면 죽으리라는 하나님의 음성을 명확히 잘 듣고 자유의지를 쓰는 당신이 되기를 주님의 이름으로 축복한다.

다음 말씀을 보라.

하나님이 그들에게 복을 주시며 하나님이 그들에게 이르시되
생육하고 번성하여 땅에 충만하라, 땅을 정복하라,
바다의 물고기와 하늘의 새와 땅에 움직이는
모든 생물을 다스리라 하시니라 창세기 1장 28절

하나님은 우리에게 모든 생물을 다스릴 권세를 주셨다. 그런데 우리는 그 권세를 어떻게 사용했는가? 공해로 이 자연을 파괴했다. 우리가 이 권세를 올바르게 사용했다면 우리는 훨씬 더 건강한 환경에서 살 수 있었을 것이다. 지금의 이 환경은 우리가 권세를 잘못 쓴 결과이지, 하나님이 허락하신 것이 아니다.

우리 가운데서 역사하시는 능력대로 우리가 구하거나 생각하는
모든 것에 더 넘치도록 능히 하실 이에게 에베소서 3장 20절

여기에서 '우리 가운데서 역사하시는 능력'이란 말을 잘 생각해보라. 하나님은 우리에게 능력을 주셨다. 우리 가운데는 역사하시는 능력이 있다. 그러나 많은 신자가 비신자와 똑같이 인생을 힘들게 사는 이유는 우리 가운데 역사하시는 능력이 있음을 모르기 때문이다.

당신이 그리스도를 영접하는 순간 당신 안에 성령님이 오신다. 그분은 놀라운 분이시다. 성령님은 죽은 예수 그리스도를 살아나게 하신 분이다. 그분이 우리 안에 있다. 그러면 그분의 능력이 우리 안에 나타날 때 우리의 삶이 어떻겠는가? 평범할까 아니면 놀라울까?

놀라울 수밖에 없다. 당신의 삶을 돌아보라. 아무리 들여다봐도 남과 별로 차이가 없고 그저 평범하다면, 당신은 뭔가 크게 잘못되었음을 깨닫고 말씀으로 새롭게 변화되어야만 한다. 우리는 다를 수밖에 없는 사람들이다. 우리 가운데 역사하시는 능력이 있기 때문이다.

자녀이면 또한 상속자 곧 하나님의 상속자요 로마서 8장 17절

당신은 하나님의 상속자다. 나는 재벌의 손자, 손녀를 가르쳐봤다. 그들은 드라마 〈상속자들〉에 나오는 사람들처럼 소박하게 살지 않는다. 그들은 우리가 도저히 생각할 수 없는 삶을 산다. 그 애들은 수업을 듣기 위해 외국에서 비행기를 타고 날아온다. 석 달 동안 하루 2천만 원짜리 호텔 최고급 스위트룸에서 지내면서 수업을 듣는다. 내가 가르치는 동안에 런던에서 올림픽이 열렸는데, 그 아이들은 아무렇지 않게 런던에 가서 개막식을 보고 왔다.

하지만 우리는 그들의 삶을 눈곱만큼도 부러워할 필요가 없다. 왜냐하면 우리도 상속자이기 때문이다. 우리는 하나님의 상속자다. 이 사실을 아는 순간 당신은 누릴 수 있다. 당신이 지금까지 허덕이며 산 이유는 무엇인가? 당신이 하나님의 상속자임을 몰랐기 때문이다.

당신이 하나님의 상속자로서 그 능력을 발휘하려면 그 능력이 당신 안에 있음을 알아야 한다. 예를 들어 당신의 부모가 당신의 통장에 10억을 넣어주었다. 그런데 그 사실을 모르면 당신은 그 돈을 쓸 수가 없다. 하나님의 상속자가 되는 것도 이와 똑같다. 모르면 누릴 수 없다.

상속자답게 권세를 누리려면

나는 하나님의 상속자답게 살아왔다고 생각한다. 나도 몰랐는데, 대학생 때 내가 학교에서 너무 유명하다는 사실을 알게 되었다. 내가 유명할 이유는 전혀 없었는데, 알아봤더니 내가 재벌 손녀라는 소문이 나 있었다. 이해가 되지 않았다. 나는 굉장히 수수한 사람이다. 옷도 대충 입고 다녔고 당연히 화장도 안 했다. 지금도 나는 설교할 때와 결혼식에 갈 때를 빼고는 화장을 하지 않는다. 내 모습은 굉장히 평범한데도 그런 소문이 났다는 것이 신기해서 친구들에게 왜 그런 소문이 났는지 물어봤다.

친구들은 내 뒤에 항상 큰 백(back)이 있는 것 같은 포스가 난다고 했다. 그 이유를 궁금해하다가 할아버지가 재벌인 것 같다고 결론을 내렸단다. 그게 입소문을 타고 다른 과까지 소문이 났다. 나는 인문대생이었는데, 법대 도서관에 공부하러 갔더니 사람들이 수군거렸다. '재벌의 손녀, 드디어 법대 도서관에 뜨다'가 된 것이다.

나는 사실대로 설명해주었다. 할아버지가 재벌이 아니라 내가 하나님 딸이기 때문에 세상 무엇보다 더 큰 백을 갖게 되었다고. 그래서 내가 대단하게 느껴지는 것이라고 말해주었다.

당신이 하나님의 상속자임을 깨달아야 한다. 엄마가 넣어준 통장의 돈을 꺼내 쓰듯 상속자로서의 권리를 꺼내 써야 한다. 하나님의 자녀임에도 당신이 힘든 이유는 뭘까. 텔레비전이 어떻게 우리에게 화면을 내보내는지를 가지고 설명을 해보겠다.

우리가 일정 비용을 지불하면 방송국에서 시그널을 보내준다. 단순히 시그널을 받는다고 화면이 나오는 게 아니다. 셋톱박스를 설치하고 리모컨으로 전원을 눌러줘야 나온다. 당신이 힘든 이유는 시그널을 받을 준비를 안 했기 때문이다. 채널은 늘 열려 있다. 주님의 시그널은 이미 송출되었다. 그러나 당신은 텔레비전을 콘센트에 연결하지 않았다. 셋톱박스를 설치하지 않았다. 모든 준비를 갖춘 후 전원을 켜면, 드디어 누릴 수 있다.

당신이 하나님의 상속자라는 사실은 얼마나 놀라운 일인가?
우리 아버지가 삼성 회장만 돼도 놀라운 일일 텐데 하나님의 상
속자라니 상상해보라. 이 세상 가장 크신 분의 상속자가 된다
니 이제 부족할 것이 없다. 두려울 것도, 눈치 볼 일도 전혀 없
다. 바로 셋톱박스를 설치하고 전원을 켤 때 당신은 그렇게 살
수 있다.

하나님이 우리에게 주신 권세에 대해 하나 더 설명하겠다. 전
도를 한번 생각해보라.

오직 성령이 너희에게 임하시면 너희가 권능을 받고
예루살렘과 온 유대와 사마리아와 땅 끝까지 이르러
내 증인이 되리라 사도행전 1장 8절

하나님은 스스로 복음을 전할 능력이 없으신가? 실제로 얼
마든지 하나님 혼자서도 복음을 전하실 수 있다. 그러나 그 권
세를 우리에게 주셨다. 그래서 우리가 복음을 전해야 하는 것이
다. 그렇다면 그 권세대로 어떤 사람에게 복음을 전했는데 믿지
않는 것은 하나님의 뜻인가? 아니다. 하나님의 뜻은 다음 말씀
에 분명히 나와 있다.

주의 약속은 어떤 이들이 더디다고 생각하는 것같이

더딘 것이 아니라 오직 주께서는 너희를 대하여 오래 참으사

아무도 멸망하지 아니하고

다 회개하기에 이르기를 원하시느니라 베드로후서 3장 9절

예수님은 속히 오실 거라고 말씀하셨다. 그런데 아직도 안 오신다. 그 이유가 무엇인가? 더디 오시는 게 아니라 오래 참고 계시는 것이다. 주님은 믿지 않는 자들이 그분께로 돌아오기를 기다리고 계신다.

하나님은 복음 전하는 권세를 우리에게 주셨다. 그래서 우리는 복음으로 세상을 정복해야 한다. 그런데 사도행전 1장 8절 앞부분을 보면 다음과 같이 나온다.

이르시되 때와 시기는 아버지께서 자기의 권한에 두셨으니

너희가 알 바 아니요 사도행전 1장 7절

하나님이 우리에게 복음 전하는 권세를 주셨지만, 주지 않으신 권세도 있다. 그것은 바로 때와 시기를 아는 것이다. 이 세상의 마지막 때와 시기는 아버지의 권한에 있으므로 우리가 알 바가 아니다.

믿음의 원리

그리고 하나님은 스스로 만드신 믿음의 법칙을 따르신다. 마가복음 6장을 보면, 예수님이 기적을 일으키면서 돌아다니시다가 고향으로 가신다. 그런데 고향 사람들은 예수님을 믿지 않았다. "어? 내가 알던 애네. 목수 요셉의 아들이잖아." 예수님을 우습게 여긴 것이다. 다음 구절을 한 번 보라.

> 거기서는 아무 권능도 행하실 수 없어
> 다만 소수의 병자에게 안수하여 고치실 뿐이었고
> 그들이 믿지 않음을 이상히 여기셨더라 마가복음 6장 5,6절

전지전능하신 예수님이 아무 권능도 행하지 못하셨다니 이상하지 않은가? 그 이유는 주님이 법칙을 만드시고, 그 법칙을 따르시기 때문이다. 예를 들어, 태양은 동쪽에서 뜨고 서쪽으로 진다. 평생 그렇다. 이 법칙은 한 번도 바뀐 적이 없다. 하나님이 이 법칙을 존중하시기 때문이다.

예수님이 고향에서 아무 권능도 행하지 못하신 이유는 하나님이 믿음 없는 일하지 않으시기 때문이다. 그것이 하나님의 법칙이다. 즉, 예수님은 그들을 고쳐주고 싶으셨고 하나님의 사랑도 변함없으셨다. 하지만 사람들이 믿지 않으므로 그 능력을 행할 수 없으셨다.

앞에서도 말했듯이 하나님은 그 누구보다 당신의 행복을 바라신다. 당신을 향한 하나님의 사랑은 어느 누구와도 비교할 수 없다. 예를 들어, 부모는 자녀를 사랑한다. 내가 극심한 통증 가운데 있을 때 엄마는 무척이나 괴로워하셨다.

수련회에 강의하러 가면, 다른 강사들은 쉬는 시간에 기도하며 말씀을 볼 테지만 나는 내내 화장실에서 피를 흘렸다. 피가 그냥 흐르는 것이 아니라 칼로 장을 막 찌르는 것 같은 통증이 나면서 흘렀다. 잠들려고 하다가도 화장실에 가고, 좀 쉬려고 하다가도 화장실에 갔다. 자다가도 통증 때문에 온몸을 소스라치게 떨면서 깼다. 큰 창으로 허리를 확 찌르듯 통증이 느껴지니까 놀라면서 깬다. 쉽사리 잠을 못 이루는 내 모습을 볼 때마다 엄마는 가슴 아파하며 말씀하셨다.

"내가 너 대신 아팠으면 좋겠다."

그러나 이러한 엄마의 사랑도 주님의 사랑과는 비교할 수 없다. 주님은 나를 위해 마지막 피 한 방울까지 모두 흘리셨다. 당신에게 돈이 없는데 한 사람은 당신에게 10억을 주겠다고 하고, 다른 한 사람은 10억을 빌려주겠다고 한다. 두 사람의 마음이 같을 수 없다. 나를 위해 대신 아프고 싶다는 엄마의 사랑은 정말 크지만, 실제로 내 모든 죄를 위해 피 한 방울까지 아낌없이 내어주신 주님의 사랑은 훨씬 더 크다.

그 사랑을 당신이 깨닫기를 바란다. 주님은 정말 당신을 돕고 싶어 하신다. 그런데 주님이 당신을 온전히 돕지 못하시는 이유는 믿음의 법칙 때문이다. 당신에게 믿음이 있어야 한다. 그것이 주님의 원리다.

하나님이 먼저 스스로 도와주지 않는 이유

마가복음 5장을 보면 혈루증 걸린 여인이 나온다. 12년 동안 피를 흘리며 살았던 여인은 주님의 옷자락만 만져도 자신이 나을 것이라고 믿으면서 그 옷자락을 만졌는데, 진짜 나았다. 그때 주님은 이렇게 말씀하셨다.

예수께서 그 능력이 자기에게서 나간 줄을 곧 스스로 아시고
무리 가운데서 돌이켜 말씀하시되
누가 내 옷에 손을 대었느냐 하시니 마가복음 5장 30절

제자들은 황당해했다. 그 순간 예수님의 몸에 손을 댄 사람은 한둘이 아니었기 때문이다. 혹시 주님이 그 여인의 존재를 알아채고 그렇게 물어보신 거라고 생각할 수 있겠지만, 그렇지 않았다. 주님은 누군지 모르셨다. 주님의 능력이 그 여자의 믿음으로 나갔기 때문이다.

우리가 도움을 받지 못하는 이유, 하나님의 능력을 경험하지 못하는 이유는 딱 하나다. 믿음이 없기 때문이다. 하나님이 먼

저 스스로 도와주지 않으시는 이유는 그분이 믿음의 법칙에 구속되시기 때문이다. 하나님은 법칙을 지키신다. 하나님의 능력을 경험하려면 당신은 믿음을 구해야 한다. 모든 문제를 해결해 달라고 기도할 필요 없이 믿음을 구하면 된다. 그러면 하나님의 능력을 경험할 수 있다.

> 이에 예수께서 그들의 눈을 만지시며 이르시되
> 너희 믿음대로 되라 하시니 그 눈들이 밝아진지라
>
> 마태복음 9장 29,30절

나는 학창 시절에 지긋이 책상에 앉아서 공부하는 스타일이 아니었다. 성격이 활달하고 사교적이어서 친구들과 시간 보내는 걸 너무 좋아했다. 그렇지만 책상 앞에 앉으면 10분을 공부하더라도 이렇게 기도했다.

"하나님, 글을 한 번 봐도 기억하고 이해하게 해주셔서 시험에 나오면 맞출 수 있게 해주세요."

나는 이 기도를 평생 했다. 어떤 책을 봐도 꼭 이 기도를 하고 봤다. 주님이 이 기도에 응답해주셨다. 주위 사람들도 "넌 한 번만 보면 되잖아"라고 인정할 정도였다.

이런 말을 하면 사람들은 내가 머리가 좋거나 부모님이 공부를 잘해서 그렇다고 말한다. 내가 오랫동안 학생들을 가르쳐보니 그렇지 않다. 부모님하고 아무 상관이 없다. 나는 믿음의 문제라고 생각한다.

나는 어렸을 때부터 하나님은 지혜를 구하면 주시는 분임을 알고 있었고 그 사실을 의심하지 않았다. 내가 암환자들에게 수술도 안 하고, 오래 살고 있는 이유를 말해주면 별거 없다는 반응이다. 그러면서 '너무 믿음만 강조하는 거 아니냐'는 말을 많이 들었다. 아니다. 믿음이란 게 그렇게 놀라운 것이다. 정말 그렇다.

주변에서 하나님께서 살려주실 것이라는 믿음이 매우 강한데도 오히려 병이 악화되는 경우를 많이 봤다. 마태복음에서 말하는 병을 낫게 하는 믿음은 단순하게 병이 낫기를 바라는 강력한 소망에서 비롯되는 확신을 말하는 것이 아니다. 하나님의 자녀들이 하나님이 어떠한 분인지를 알고 갖는 믿음이다. 또한 하나님이 어떠한 분인지를 아는 것보다 더 중요한 것은 하나님과의 관계다. 하나님과 나와의 관계를 바탕으로 한 믿음이 병을 낫게 한다.

예를 들어 내가 투자자들에게 거액을 받아서 사업을 벌였다가 망해서 50억의 빚을 지게 되었다고 해보자. 삼성 이건희 회장은 재산이 11조 원에 달해도 나에게 돈을 빌려주지 않을 것이다. 왜냐하면 나와 아무 관계가 없으니까. 우리 엄마는 나에게 너무나 돈을 빌려주고 싶을 것이다. 딸이니까. 그러나 돈을 빌려주실 수 없다. 50억을 마련할 능력이 없기 때문이다.

하나님께서는 내 병을 낫게 해주실 능력이 있으시다. 나를 만드셨기 때문이다. 많은 사람들이 하나님과 상관없이 살면서 구하는 것들이 이루어지지 않으면 하나님을 원망한다. 하나님께서는 그분의 자녀들의 필요에 세심하게 반응하신다.

하나님께서 지금 내 필요를 채워주시지 않고 있다면 먼저 '내가 정말 하나님의 자녀인가? 내가 하나님 아버지랑 얼마나 친한가?' 하는 부분을 생각해봐야 한다. 내가 하나님을 알면 알수록 하나님과 친하게 되고 깊은 관계를 맺게 된다. 그렇게 아버지를 잘 아는 데서 나오는 믿음은 능력이 있다. 믿음대로 된다.

믿음은 선물이다. 당신이 어떻게 예수님을 영접했는지 생각해보라. 당신은 처녀가 애를 낳았다는 말도 안 되는 이야기를 믿고 예수님을 영접했다. 구하는 자에게 믿음을 주신다고 했다. 믿음을 구하면 하나님이 주신다. 그리고 그 믿음을 갖게 되면 정말 놀라운 일이 벌어진다. 굉장히 어려운 얘기인데, 여기에서 짧게나마 설명하는 이유는 당신 주변에 일어나는 모든 일이 다 하나님의 뜻이라는 생각이 잘못되었음을 이야기하기 위해서다.

우리 아버지는 암으로 돌아가셨다. 나는 아버지가 건강하길 바랐지만, 병에 걸리셨다. 나는 아버지가 병에 걸린 것을 주님이 아버지 자신보다 더 아파하셨을 거라고 생각한다. 나는 아주 어릴 때 예수님을 믿었고 하나님의 사랑을 많이 경험해왔다. 그러다 암에 걸렸다. 내가 암에 걸렸을 때 사람들은 혀를 찼다.

"저렇게 만날 복음 전하고 전도하면서 선교사로 헌신까지 했는데, 왜 그 몹쓸 병에 걸린 건지 모르겠다. 쯧쯧."

정작 당사자인 나는 오히려 감사했다. 남들이 불쌍히 여기는 그 비참한 상황 가운데서 오히려 주님이 나를 사랑하신다는 사실을 깨달았다. 내가 아플 때 주님이 더 아파하신다는 사실을 깨닫게 되었다. 나의 회복을 나 자신보다 더 원하신다는 사실을 알게 되었다.

당신이 지금 어떤 힘든 상황에 놓여 있건, 또는 앞으로 어떤 일이 생기건 간에 주님은 당신의 행복을 당신 자신보다 더 바라시고 당신을 돕고 싶어 하신다. 그 사실에 우리는 믿음으로 반응해야 한다.

무서운 하나님, 사랑의 하나님

지금 나는 하나님에 대한 우리의 오해를 풀고 있다. 우리는 하나님이 어린아이도 죽이시는 잔인한 분이라고 생각한다. 많은 사람이 구약의 하나님이 무섭고 잔인하다고 말한다. 구약에는 실제로 어린아이까지 쓸어버리는 이야기가 많이 등장한다.

사마리아가 그들의 하나님을 배반하였으므로 형벌을 당하여
칼에 엎드러질 것이요 그 어린아이는 부서뜨려지며

아이 밴 여인은 배가 갈라지리라 호세아서 13장 16절

이런 구절은 성경에 매우 많이 등장한다. 끔찍하지 않은가? 그런데 우리가 오해하지 말아야 할 것이 있다. 구약의 하나님과 신약의 하나님은 동일하시다는 사실이다. 하나님의 사랑은 언제나 변함없이 동일하다. 하지만 구약의 하나님과 신약의 하나님이 차이를 보이는 이유는 그 시대에 예수님이 아직 오지 않으셨기 때문이다.

예수 그리스도가 오시기 전 인간은 그 무엇으로도 자신의 죄를 씻을 수 없었다. 하나님은 사랑의 하나님이지만 공의의 하나님이시기에 인간의 죄를 용납할 수 없으셨다. 그래서 인간을 사랑하고 구원하길 원하지만 어쩔 수 없이 공의를 행하신 것이다.

그래서 하나님은 죄를 없앨 방법을 생각하시다가 이 세상에서 가장 큰 제물을 생각해내셨다. 바로 하나님 자신이셨다.

'나 자신을 죽이리라. 그래서 저들을 구원하리라.'

그리하여 예수님이 사람의 몸을 입고 와서 그 고통을 당하셨다. 어린아이와 사랑하는 부녀자를 죽이지 않고도 죄를 씻을 방법을 마련하신 것이다. 이처럼 구약의 하나님은 무서운 하나님이고 신약의 하나님은 사랑의 하나님인 것이 아니다. 그분은 언제나 우리를 동일하게 사랑하신다.

창세기를 보면, 하나님이 선악과를 먹은 아담과 하와를 쫓아

내셨다. 심지어 다음과 같이 하셨다.

> 생명나무 열매도 따 먹고 영생할까 하노라 하시고
> 여호와 하나님이 에덴동산에서 그를 내보내어
> 그의 근원이 된 땅을 갈게 하시니라
> 이같이 하나님이 그 사람을 쫓아내시고
> 에덴동산 동쪽에 그룹들과 두루 도는 불 칼을 두어
> 생명나무의 길을 지키게 하시니라 창세기 3장 22-24절

이렇게 하신 것은 우리의 영생을 원치 않으셨기 때문이 아니다. 잘 보면, 죄 짓기 전에는 성경에 생명나무를 먹지 말라는 말이 없다. 선악과만 먹지 말라고 했다. 그런데 죄를 지은 이후로는 생명나무를 먹을까봐 불 칼을 두어 먹지 못하게 하셨다. 그 이유는 하나님이 우리에게 가장 원하시는 것이 '친밀함'이기 때문이다.

하나님은 우리와 친밀하게 지내시려고 에덴동산을 짓고 사람을 만드셨다. 그런데 인간이 죄를 지었다. 하나님은 공의의 하나님이시기 때문에 죄와 공존할 수 없으시다. 인간이 죄 가운데 있는 채로 생명나무를 먹고 영생하게 되면 어떻게 될까? 하나님과 영원히 동거하지 못하게 된다. 그래서 불 칼을 두어 생명나무를 지키게 하시고, 아담과 하와를 그곳에서 내쫓으신 것

이다. 이처럼 하나님은 정말 우리와 함께하길 원하시고, 친밀한 교제를 원하신다.

> 사랑하지 아니하는 자는 하나님을 알지 못하나니
> 이는 하나님은 사랑이심이라 요한일서 4장 8절

나에게 누군가 기독교가 무엇이라고 생각하는지 물어보면 '사랑'이라고 답하고 싶다. 사랑 없이는 아무것도 아니다. 그런데 정말 중요한 것은 우리가 그 사랑을 모르고 누리지 못한다는 것이다. 다음 구절은 우리가 다 아는 구절이지만, 나는 사람들이 이 구절의 진정한 의미를 모른다고 생각한다.

> 하나님이 세상을 이처럼 사랑하사 독생자를 주셨으니
> 이는 그를 믿는 자마다 멸망하지 않고 영생을 얻게 하려 하심이라
> 요한복음 3장 16절

여기에서 '이처럼'이란 단어에 대해 생각해본 적이 있는가? 얼마큼 사랑해야 독생자를 내줄 수 있는지 생각해본 적이 있는가? 얼마나 사랑해야 이 세상을 창조하신 하나님이 인간의 몸을 입고 와서 동물 잡듯 피를 흘리며 죽을 수 있는지 생각해본 적이 있는가? 찬양할 때 은혜 받고 눈물 흘리는 건 좋다. 그러

나 당신이 정말 그 하나님의 사랑을 아는지 물어보고 싶다.

지금 이 순간 생각해보라. '이처럼'의 의미를. 이처럼 당신을 사랑하신다는 것을 생각해보라. 얼마나 당신을 사랑하기에 죽어줄 수 있는지 체력이 허락된다면 밤새 생각해보라. '이처럼'이 뭘까? 이처럼 사랑하신 그 사랑이 당신에게 능력이 된다. 당신에게 힘이 된다. 당신에게 구원이 된다. 하나님이 세상을 이처럼 사랑하신다.

다음 말씀은 놀라운 말씀이다.

곧 내가 그들 안에 있고 아버지께서 내 안에 계시어

그들로 온전함을 이루어 하나가 되게 하려 함은

아버지께서 나를 보내신 것과 또 나를 사랑하심같이

그들도 사랑하신 것을 세상으로 알게 하려 함이로소이다

요한복음 17장 23절

하나님의 이 사랑을 당신이 느끼길 바란다. 위의 구절에서 '나를'의 '나'는 예수님이다. 한 번도 죄 지은 적 없는 흠 없으신 예수님을 사랑하는 것과 똑같이 하나님이 우리를 사랑하신다. 그것을 알게 하려고 하나님은 예수님을 이 땅에 보내셨다.

어떤 형제는 믿음도 좋고 너무 순전하고 정말 착하다. 그런데 다른 형제는 만날 불평하고 인생에 불만이 많다. 대부분의 사람은 두 사람 중 첫 번째 사람을 좋아한다. 그런데 하나님은 모든 사람을 다 사랑하신다. 예수님만큼 사랑하신다.

내가 잃어버린 한 마리 양이라면

하나님이 당신을 사랑하신다는 사실을 믿는가? 예수님을 사랑하시는 것만큼 당신을 사랑하신다는 사실을 알고 있는가? 이 사랑을 온전히 느끼게 되면, 당신은 놀랍게 변할 것이다.

아직 예수님을 영접하지 않은 형제자매님이 있다면 이런 말을 해주고 싶다.

"주님은 당신 한 분을 위해 이 땅에 오셨습니다!"

많은 사람이 '온 인류를 위해' 예수님이 돌아가셨다고 생각한다. 그러나 온 인류가 의인인데 나는 죄인이었다면? 나는 주님이 나 하나를 위해 십자가에 달려 돌아가셨다고 믿는다. 성경에 그렇게 적혀 있다. 아흔아홉 마리의 양이 있을지라도 잃어버린 양 하나를 위해 길을 떠나신다고 말이다. 아직 예수님을 만나지 못한 사람이 있다면 예수님이 다른 사람이 아닌 바로 당신을 위해 돌아가셨다는 것을 꼭 알았으면 좋겠다. 그분이 당신을 위해 돌아가신 결과 당신의 죄가 사해지고 당신이 영원한 생명을 얻었다는 것을 믿기만 하면 된다는 것을 말해주고 싶다.

하나님이 고난을 주신 게 아니다

하나님에 대한 우리의 세 번째 오해는 '하나님이 우리를 성숙하게 하기 위해 실패와 질병 같은 고난을 주신다'는 생각이다. 많은 사람이 이렇게 오해해서 자신이 당한 고난을 하나님이 주신 거라고, 그 고난을 통해 믿음을 성장시키고 하나님 앞으로 더 가까이 나아가게 하신다고 생각한다. 나는 이 오해를 분명하게 정리하고 싶다.

결과적으로 우리는 고난을 통해 하나님께 더 가까이 나아가긴 하지만, 그것은 모든 것이 합력하여 선을 이루게 하시는 하나님의 은혜 때문이지, 애초에 우리를 성숙하게 하려고 하나님이 일부러 고난을 주신 것이 아니다.

우리는 죄 때문에 고난을 겪을 수도 있고, 자유의지를 잘못 사용한 결과로 고난을 겪을 수도 있고, 심지어 아무런 잘못을 하지 않았는데도 고난을 겪을 수 있다. 왜냐하면 우리가 사는 세상이 이미 타락했기 때문이다.

예를 들어, 내가 메르스(MERS-CoV, 중동호흡기증후군)에 걸리는 것은 내 죄 때문이 아니다. 죄를 짓지 않았음에도 메르스에 걸리는 건 이 세상이 타락했기 때문이다. 이 땅이 타락했기 때문에 우리는 이 땅의 영향으로 고난을 당할 수 있다. 하나님은 우리에게 메르스를 주지 않으셨다. 당신이 메르스에 걸리는 것은 하나님의 뜻이 아니다. 얼마 전에 우리나라에 동성애 축제가 열렸다. 동성애 축제를 막으려고 하나님이 메르스를 보내셨다는 글이 카톡을 통해 엄청나게 퍼졌다. 나는 자신 있게 말할 수 있다. 하나님은 그런 분이 아니시다.

일본에서 쓰나미가 났을 때 어떤 이들이 예수 믿지 않는 일본에 하나님이 쓰나미를 보내 하나님께 돌아오게 하신다고 이야기했다. 물론 쓰나미가 일어난 후 구원에 관심을 갖게 된 일본인이 늘어난 것은 사실이지만, 그렇다고 하나님이 쓰나미를 보내신 것은 아니다. 나는 쓰나미 속에서 고통당하는 일본을 보면서 하나님이 더 아파하셨을 거라고 생각한다. 당신이 어떤 고통과 어려움을 겪든 그것은 하나님이 주신 것이 아니다.

고난이 하나님으로부터 온 것이라고 믿으면, 그 고난을 극복하기가 힘들다. 예를 들어 당신이 암에 걸렸는데 하나님이 그 암을 주셨다면, 당신은 하나님이 그분의 뜻을 거두시기 전까지 절대 나을 수가 없다. 당신이 어떤 고난을 겪든 그것은 하나님의 뜻이 아니다. 오히려 하나님은 당신이 그 고난을 겪지 않기를 누구보다 바라신다.

하나님이 우리의 성숙을 위해 실패와 질병을 주시는 분이 절대 아니라는 또 다른 증거는 바로 예수님이다. 하나님은 우리가 고난을 겪는 것을 원하지 않으셨기에 인간의 몸으로 이 땅에 오셔서 고난을 대신 겪어주셨다. 만약 우리를 성숙하게 하려고 고난을 주시는 것이 하나님의 뜻이라면, 예수님이 이 땅에 오실 필요는 없으셨다. 주님은 우리 고난을 대신 짊어지기 위해 이 땅에 오셨다. 우리가 고난당하는 걸 원치 않으시기 때문이다. 우리가 어떤 이유로 고난을 당하고 있든 주님은 우리를 도와주신다. 다음 말씀을 보라.

우리 주 예수 그리스도의 은혜를 너희가 알거니와
부요하신 이로서 너희를 위하여 가난하게 되심은
그의 가난함으로 말미암아 너희를 부요하게 하려 하심이라
고린도후서 8장 9절

예수님은 이 세상에서 가장 부요한 분이시다. 이 세상이 다 주님의 것이기 때문이다. 그런데 주님은 스스로 가난하게 되셨다. 가난함으로 말미암아 우리를 부요하게 하시려고 말이다.

우리를 위해 가난까지 자처하시는 분이 우리의 실패를 바라시겠는가? 성경에는 하나님이 어제와 오늘, 영원토록 동일하시다고 한다. 주님은 절대 우리의 실패를 바라지 않으신다. 당신이 어떤 일로 힘들고 되는 일이 하나도 없다면, 먼저 당신 자신을 잘 점검해봐야 한다. 당신이 죄에 빠져 있거나 당신 환경 가운데 묶인 것이 있거나 그 밖의 여러 가지 원인이 있다면, 그것을 복음의 능력으로 끊어내야 한다.

도둑이 오는 것은 도둑질하고 죽이고 멸망시키려는 것뿐이요
내가 온 것은 양으로 생명을 얻게 하고
더 풍성히 얻게 하려는 것이라 요한복음 10장 10절

정말 놀라운 말씀이다. 우리는 예수님을 믿는 것을 지옥에서
천국 가는 것으로만 생각하는 경향이 있다. 그런데 아니다. 예
수님은 우리로 더 풍성히 얻게 하려고 하신다. 즉, 주님은 우리
에게 꽉 찬 삶을 약속해주셨다. 빈 곳이 없는 삶, 빈틈이 없는
삶, 부족이 없는 삶을 말이다.

당신은 그 꽉 찬 삶을 누리고 있는가? 꽉 찬 삶을 누리고 있
다면 수련회에 꼭 안 갈 수도 있다. 수련회에 왜 가는가? 빈 곳
이 있기 때문이다. 갈망이 있기 때문이다. 당신 안에 갈급함이
있기 때문이다. 갈급함, 갈망, 부족을 주님이 '다 이루셨다'. 단
지 우리가 그것을 모르고 누리지 않고 있을 뿐이다. 꽉 찬 삶,
그 삶이 오늘 시작되길 주님의 이름으로 축복한다.

사랑하는 자여 네 영혼이 잘됨같이
네가 범사에 잘되고 강건하기를 내가 간구하노라
요한삼서 1장 2절

주님은 우리가 잘되길 바라셨기에 우리를 위해 죽어주셨다.

그런데 우리는 신앙과 삶을 분리하여, 복음이 영생에만 영향을 준다고 생각한다. 이것이 우리의 비극이다. 복음은 우리 삶의 모든 영역에서 능력이 있다. 그래서 주님은 우리 영혼이 잘됨같이 범사에 모든 일이 잘되길 간구하신다.

이 말씀에서의 '강건'은 육체적인 건강이다. 즉, 하나님은 우리가 성공하고 건강하기를 원하신다. 다만 우리가 먼저 구할 것은 하나님이다. 하나님으로부터 오는 축복이 아니라 하나님을 구해야 한다. 그러나 우리는 하나님으로부터 오는 축복을 먼저 구한다. 내 영혼이 잘되어 범사에 잘되고 강건해져야 하는데, 내 영혼이 잘되는 것보다 범사에 잘되고 강건해지는 것을 먼저 구한다. 하나님을 구해 그분과 한 영이 되는 것을 구하지 않고 그저 건강과 돈만을 구한다.

결국 우리는 아무것도 누리지 못한다. 나는 이 점이 정말 안타깝다. 많은 사람이 거꾸로 산다. 명심하라. 우리가 구해야 할 것은 오직 하나님 한 분뿐이다. 하나님이 십자가에서 모든 것을 완벽하게 이루셨기 때문이다.

여호와의 말씀이니라 너희를 향한 나의 생각을 내가 아나니
평안이요 재앙이 아니니라 너희에게 미래와 희망을 주는 것이니라

예레미야서 29장 11절

이 말은 우리에게 정말 은혜가 된다. 지금 마음속에 미래와 희망이 없는 사람들이 있다. 대학 졸업반 학생은 취업을 준비하는데, 암담한 미래와 희망 때문에 좌절한다. 그런 사람에게 주님은 이렇게 말씀하신다. "너희에게 미래와 희망을 주는 것이 내 생각이다. 그것을 너희는 모르지만 나는 안다." 주님은 우리가 이 사실을 알기 바라신다.

우리는 미래를 놓고 불안해할 필요가 없다. 우리는 상속자이기 때문이다. 더군다나 우리에게 상속해주실 아버지는 정말 좋으신 분이다. 우리에게 미래와 희망을 주는 것이 아버지의 생각이다.

완벽한 만족과 행복

주님은 당신이 꿈꾸던 것보다 더 좋은 것을 주신다. 당신 마음속에는 꿈이 있을 것이다. 어렸을 때부터 간직한 꿈일 수도 있고 커서 생긴 꿈일 수도 있고 최근에 생긴 꿈일 수도 있다. 하나님이 그것을 이루신다. 오늘 그 꿈을 더 크게 바꾸라. 하나님은 그분이 세우신 법칙과 약속에 따라 스스로 능력을 제한하셨지만, 우리가 하나님의 능력을 제한해서는 안 된다.

우리는 부족한 믿음과 부족한 기도로 하나님을 제한한다. 하나님이 우리에게 정말 주시려고 예비한 것들을 못 누리는 이유는 우리가 하나님을 제한하기 때문이다. 하나님을 제한하지 말라. 하나님은 전지전능하시다.

나는 기도할 때 하나님을 이 세상에서 가장 사랑하는 사람이 되게 해달라고 기도한다. 우리나라를 넘어 이 세상에서 제일 하나님을 사랑하는 사람이 되길 기도한다. 이런 말을 들으면 내가 너무 교만하다고 생각하는 사람이 있을지 모르겠지만, 나는 그렇게 생각하지 않는다. 하나님은 우리가 큰 꿈을 꾸기 원하신다. 우리에게 가장 큰 걸 주고 싶으시기 때문이다.

이 세상에서 가장 주님을 사랑하는 사람이 되게 해달라고 간구한다는 이야기를 들은 친구가 내 기도가 너무 부담스럽다고 했다. 이 세상에서 주님을 제일 사랑하는 사람이 되려면 얼마나 많은 고난을 겪어야 하겠느냐는 말이었다. 이게 바로 우리의 오해다. 많은 사람이 주님을 따르기로 결정하고 좁은 문으로 들어가면 인생이 힘들어질 거라고 생각한다. 그러나 넓은 문으로 들어가는 것이 훨씬 더 힘들다. 단지 좋게 보일 뿐이다. 좁은 문은 힘들어 보이지만, 그곳에는 완벽한 만족과 완벽한 행복이 있다. 우리는 좁은 문으로 들어서기도 전에 이렇게 생각한다.

'좁은 문으로 들어가면 나도 사도 바울처럼 광풍을 만나고 매 맞는 거 아냐?'

그렇지 않다. 인생은 예수님을 따르기 때문에 힘든 것이 아니라 이 세상이 타락했기 때문에 원래 힘들다. 예수 안 믿는 사람은 훨씬 더 힘들다. 불행 그 자체다. 우리는 좁은 문으로 들어가 주님의 십자가를 질 때 행복해진다.

진리의 말씀, 제대로 이해하기

선교사가 되기로 결심한 후 나는 그에 앞서 말씀으로 무장해야겠다고 생각해서 신학교를 갔다. 그리고 선교사로 가게 되면 사람들이 가장 가기 싫어하는 곳, 가장 더러운 곳, 가장 귀신 많은 곳으로 보내달라고 기도했다. 그래서인지 사람들은 내가 주님을 따라야 한다고 말하면, 정말 가기 싫고 더럽고 귀신 많은 곳에 가는 것이 아니냐고 말한다.

내가 그렇게 기도드린 것은 그렇게 하고 싶기 때문이다. 내가 좋아서 그러는 거지 주님을 따르겠다고 했을 때 하나님이 그런 곳으로 가라고 내게 강제적으로 명하신 것이 아니었다. 나는 사람들의 이러한 오해가 말씀에 대한 잘못된 이해에서 비롯된 것이 아닌가 생각한다.

다만 이뿐 아니라 우리가 환난 중에도 즐거워하나니
이는 환난은 인내를, 인내는 연단을, 연단은 소망을
이루는 줄 앎이로다 로마서 5장 3,4절

우리는 이 구절을 보면서 하나님이 인내와 연단과 소망을 이루려고 고난을 주신다고 생각한다. 아니다. 내가 자유의지를 잘못 사용했거나 연약해서 실수하고 죄를 지어 온 고난은 모두 죄의 결과다. 그 죄의 결과는 우리를 힘들게 만든다. 그러나 내가 잘못해서 벌어진 이 모든 일 가운데에서도 하나님은 다음과 같이 일하신다.

> 우리가 알거니와 하나님을 사랑하는 자
> 곧 그의 뜻대로 부르심을 입은 자들에게는
> 모든 것이 합력하여 선을 이루느니라 로마서 8장 28절

하나님은 우리의 잘못으로 벌어진 고난에 '어, 그래! 넌 당해도 싸다'라고 하지 않으신다. 모든 것이 합력하여 선을 이루게 하신다. 그래서 우리는 인내와 연단, 소망을 이루시는 하나님을 바라보며 고난 가운데서도 기뻐해야 한다. 하나님이 주신 고난이기 때문에 기뻐해야 한다는 말이 절대 아니다.

우리의 가장 큰 오해가 주님을 따르면 고난이 온다는 게 아닐까 싶다. 그런데 문제는 다른 데 있다. 나는 매주 다른 교회에서 설교를 하는데, 그때마다 이렇게 말한다.

"주님을 따르지 않으면서 주님을 믿는다고 말하지 마십시오."

많은 성도가 주님을 따르지 못하고 있다. 나는 주님을 믿는다고 고백하는 사람 중 정말 주님을 믿는 사람은 극소수라고 생각한다. 주님을 따라야만 주님을 믿는 것인데, 주님을 따르

는 것을 오해하기 때문이다.

주님을 따른다고 고백하는 순간, 아프리카 선교사로 파송돼서 결국 말라리아에 걸릴 거라고 생각한다. 왠지 통장에 있는 모든 돈이 다 없어져버릴 것만 같다. 가난하고 힘들게 사는 것만이 주님을 따르는 것이라고 생각한다. 다 틀렸다. 그러한 모든 생각을 이 순간 머리에서 뽑아버리라. 주님을 따르는 것은 놀라운 일이다.

바다 위를 걷는 삶

주님을 따르면 어떻게 되는가? 가난하게 되고 고생하는 것이 아니라, 주님처럼 물 위를 걷게 된다. 당신이 비신자와 똑같이 사는 이유는 주님을 따르지 않기 때문이다. 풍랑이 이는 바다 가운데 배를 타고 있던 제자는 12명이었다. 그런데 물 위를 걸어본 사람은 베드로뿐이었다. 많은 사람이 파도와 바람을 보고 두려워하다 물에 빠진 베드로에게 믿음이 없다고 말하는데, 그런 사람에게 묻고 싶다. "당신은 물 위를 걸어봤나요?"

인류 역사상 예수님 빼고 물 위를 걸어본 사람은 베드로뿐이다. 그가 물 위를 걸을 수 있었던 것은 배에서 내렸기 때문이다. 주님을 따랐기 때문이다. 즉, 주님을 따르면 세상에 대적할 사람이 없게 된다. 세상 사람과 비교가 안 되는 삶, 이전과는 완전히 다른 삶을 살게 된다. 그것이 바로 예수 믿는 사람의 삶이다.

나는 〈나는 믿네〉라는 찬양을 개인적으로 좋아하는데 거기에 이런 가사가 나온다. "내 앞에 바다가 갈라지지 않으면 주가 나로 바다 위 걷게 하리."

나는 이 말을 믿는다. 당신 앞에 바다는 끊임없이 나타날 것이다. 대학교 졸업하고 취직해도 바다는 나온다. 결혼해도 나타나고, 애를 낳아도 나타난다. 그래서 당신은 바다가 갈라지길 기도한다. 그러나 갈라지지 않는다. 그런데 갈라지지 않으면 바다 위를 걸으면 된다. 그게 예수 믿는 사람이다.

주님을 따르면 고생할 거라는 생각은 정확하게 사탄이 주는 생각이다. "이 선악과를 먹으면 네가 지혜로워져." 이런 음성과 똑같다. 사탄은 주님을 따르지 못하도록 우리에게 두려움을 준다. 그러나 주님을 따르면 정말 꽉 찬 삶, 빈틈이 없는 삶, 부족함이 없는 삶을 누리게 된다. 부족한 게 없다. 바라는 게 없다. 행복하다. 조건에 좌우되는 행복이 아니라 누구도 뺏을 수 없는 행복을 갖게 된다.

그러면 당신이 이렇게 넘어지고 힘든 이유는 무엇인가? 주님을 따를지 말지 망설이기 때문이다. 십자가를 지겠다고 기도했다가 진짜로 왕창 십자가를 지게 될까봐 고민하기 때문이다. 자매들에게 어떤 공포가 있는 줄 아는가? 진짜 믿음의 형제와의 결혼이다. 선교사 사모가 될까봐 두려워한다. 그래서 당신이 불행한 것이다. 하나님은 당신이 싫어하는 일을 억지로 시키시는 분이 아니다. 당신이 싫어하는데도 억지로 아프리카 선교를 보내서 말라리아에 걸리게 하지 않으신다. 거듭 강조하지만 하나님은 인격적이신 분이다.

우리는 주님을 따라야만 진정으로 행복하다. 좁은 길로 가야만 진정한 인생의 성공과 만족이 있음을 기억하라.

또 주님은 우리가 성공하고 건강하길 원하신다. 암환자인 내가 이렇게 말하면 이상하게 생각하는 사람이 있겠지만, 병에 걸리면서 나는 이 점을 더욱 확신했다. 나는 여러 가지 이유로 병에 걸렸지만, 한 가지 확실한 것은 이 병은 주님이 주신 것이 아니라는 사실이다. 주님은 내가 건강하기를 원하신다.

다음 말씀을 보라.

예수께서 모든 도시와 마을에 두루 다니사
그들의 회당에서 가르치시며 천국 복음을 전파하시며
모든 병과 모든 약한 것을 고치시니라 마태복음 9장 35절

예수님은 만나는 모든 사람을 불쌍히 여기시며 고쳐주셨다.
"흠, 너는 고쳐주고 싶은데 아직 인격이 덜 됐으니 기다려라."
이렇게 말씀한 사람이 한 명도 없었다. 당신의 가족 가운데 아픈 사람이 있다면, 주님이 허락하신 병이 아닌지 의심하지 말라. 절대 그렇지 않다. 당신이 할 일은 예수 그리스도의 능력으

로 병을 물리치는 것이다.

> 예수께서 나오사 큰 무리를 보시고 불쌍히 여기사
> 그중에 있는 병자를 고쳐주시니라 마태복음 14장 14절

만약 주님이 성숙을 위해 병을 주시는 분이라면, 불쌍히 여길
필요가 없으셨다. 병자의 병은 주님이 주신 것이 아니었기 때문
에 주님은 그를 보고 불쌍히 여기셨다. 다시 한 번 얘기하겠다.
하나님은 우리가 성공하길 원하시고 건강하기를 원하신다. 그
런데 그보다 더 좋은 소식이 있다. 그것은 하나님이 이미 우리
에게 성공과 건강을 이룰 능력을 주셨다는 점이다. 나는 당신이
그 사실을 알길 바란다.

> 그가 찔림은 우리의 허물 때문이요
> 그가 상함은 우리의 죄악 때문이라
> 그가 징계를 받으므로 우리는 평화를 누리고
> 그가 채찍에 맞으므로 우리는 나음을 받았도다
>
> 이사야서 53장 5절

이 말씀은 예수 그리스도가 채찍에 맞으심으로 우리가 이미
나음을 받았다고 선포한다. 여기서 나음을 받았다는 말의 히

브리어는 완료형이다. 끝난 일이다. 이미 게임이 끝났다. 그런데 왜 우리는 아직도 나음을 받지 못하는가?

우리의 믿음이 부족하기 때문이다. 주님이 다 이루셨음을 모르고 있거니와 믿지 못하기 때문이다. 이 두 가지 사실을 아는 순간 우리에게는 이제 부족할 것도, 두려울 것도 없다. 불가능한 것이 없다. 주님이 '다 이루었다'고 말씀하셨기 때문이다.

신앙 생활의 의무감에 대한 오해

네 번째 오해는 '하나님께 사랑받기 위해서 우리는 하나님이 좋아하실 일을 해야 한다'는 생각이다. 하나님은 우리가 어떻게 행동하든 우리를 무조건 사랑하신다. 당신이 예배 시간에 귀를 쫑긋 세우든, 쏟아지는 졸음을 이기지 못해 꾸벅꾸벅 졸든 언제나 당신을 사랑하신다. 다만 당신이 그것을 못 느낄 뿐이다.

당신은 예배당이 충만하도록 성령님이 임재하시는 것을 느껴본 경험이 있을 것이다. 그런데 당신이 그 임재를 느낄 때나 못 느낄 때나 하나님의 임재는 늘 동일하다. 하나님은 결코 당신을 떠나지도 포기하지도 않으신다.

우리는 하나님이 우리를 조건 없이 사랑하신다는 사실을 알고 있다고 생각한다. 하지만 우리는 그 사실을 잘 모르고 있다. 그래서 하나님께 사랑받기 위해 조건을 충족시키려고 노력한다. 하나님은 우리를 무조건적으로 사랑하신다. 하나님이 그 무엇보다 우리에게 원하시는 것은 친밀함이다. 또 우리가 그분의 사랑을 누리는 것이다. 그런데 우리는 왠지 조건을 충족시키지 못하면 하나님께 사랑을 못 받는다는 굉장히 잘못된 생각을 갖고 있다.

예를 들어 당신이 큐티를 한다고 생각해보라. 큐티를 일주일 동안 매일 했다. 그러면 주일이 뿌듯하다. 뭔가 마음이 평안하다. 그런데 어느 날 중간고사가 다가왔다. 공부하다 보니까 큐티를 자꾸 빼먹었다. 결국 일주일 내내 한 번도 못했다. 그러면 마음이 무겁다. 왠지 하나님께 잘못한 거 같고, 하나님과 멀어진 거 같다. 분명히 말하는데, 하나님은 당신이 큐티를 할 때나 안 할 때나 동일하게 사랑하신다. '하나님이 십자가에서 나를 위해 피 흘리셨으니 나도 뭐라도 해야지. 큐티라도 열심히 해야지.' 이런 생각은 주님이 원하지 않으신다.

그렇다면 어떻게 큐티를 해야 할까? 친한 친구와 당신의 사이는 어떤지 생각해보라. 매일 전화해도 할 얘기가 있다. 오랜만에 만난 서먹한 친구와는 딱히 할 얘기가 없지만, 친한 친구는 언제든 만나고 싶다. 그것이 친밀함이고, 하나님이 우리에게 원하시는 것이다. 하나님과 친하니까 그분과 매일 대화하려고 큐티하는 것이 되어야 한다. 그런데 만약 오늘 너무 바빠서 그 친한 친구에게 연락을 못했다면, 둘의 사이가 갈라지고 어딘가 쩝

찜할까? 그렇지 않다. 서로 친하기 때문에 얼마든 이해할 수 있다. 그것이 친밀함이다.

하나님도 마찬가지다. 하나님은 인격적인 분이시다. 큐티는 당신을 만나고 싶어 하시는 하나님을 당신도 만나고 싶어 하고, 그래서 가능하면 매일 하고 싶어 하는 것이어야 한다. 그런데 우리가 자꾸 하나님의 사랑에 대한 보답으로써 억지로 하려고 하니 큐티가 의무적인 일이 되어버리는 것이다. 큐티를 깜빡 잊고 못했다고 해서 마음이 찜찜하고 자신이 싫어지는 것은 잘못된 신앙이다.

친해진다는 것은 알아가는 것이다. 사랑하는 것이다. 관계가 더 깊어지는 것이다. 상대방과 한마음이 되는 것이다. 예를 들어, 오늘 나를 괴롭히는 사람이 있어서 내 마음이 힘들었다고 하자. 친구에게 전화를 걸어 그 사람 욕을 한다. 그러면 친구도 같이 욕을 해준다. 그것이 친밀함이다. 하나님께도 그렇게 하라.

친밀함을 추구하는 기도와 예배

당신의 기도는 어떠한가? 기도는 하나님께 사랑받으려고 하는 것이 아니다. 기도는 하나님의 음성을 듣고 그분과 대화 나누는 일이다. 그러나 솔직히 많은 사람이 하나님의 음성은 듣지 않고 일방통행으로 기도한다. 자꾸 의무감으로 기도의 양을 채

위야 한다는 생각만 한다. 기도를 오래 할수록 신앙이 좋다고 착각한다. 그러나 정말 깊은 기도에 들어가려면 하나님과의 친밀함을 추구해야 한다. 오늘부터 이렇게 기도하라.

"하나님, 저 하나님과 친해지고 싶어요. 하나님을 알고 싶어요. 그동안 하나님을 오해했습니다. 하나님을 몰랐습니다. 성경을 몰랐습니다. 오늘부터 하나님을 알려주세요. 성령님, 말씀해주세요. 저를 만나주세요."

당신은 어떤 문제가 해결되도록 자꾸 그 문제를 놓고 기도한다. 그런데 사실 주님은 그 문제를 잘 알고 계신다. 그러니 당신이 자꾸 아뢸 필요는 없다. 주님이 원하시는 것은 친밀함이다. 당신은 사랑받기 위해 기도할 필요가 없다. 하나님은 이미 당신을 사랑하시기 때문이다.

당신은 왜 예배를 드리는가? 많은 사람이 자기를 위해 예배드린다. 주일에 은혜받아 일주일을 살아갈 힘을 얻기 위해서. 그런데 그 약발이 좀 일찍 떨어지면 수요예배나 금요철야를 찾는다. 이제 이렇게 살아서는 안 된다. 우리는 주님을 만나기 위해 예배를 드려야 한다. 주님께 영광 올려드리고 내 마음을 드리기 위해 예배를 드려야 한다.

찬양도 마찬가지다. 주님께 내 고백을 드리는 것이 찬양이다. 나는 교회에서 반주를 오래 했다. 대예배 반주도 하면서 경배와찬양 키보드 반주를 했는데, 열 살 때부터 거의 20년 넘게

했다. 그 시간 내 모든 찬양을 주님이 받으셨는가?

확실히 말할 수 있는 것은 우리의 삶이 찬양이 되지 않는다면, 그 어떤 찬양도 의미가 없다는 사실이다. 우리는 찬양하면서 은혜를 받는다. 그런데 내가 은혜받는 것으로 끝나서는 안 된다. 주님께 정말 나의 고백으로 그 찬양을 드릴 수 있어야 한다.

당신 홀로 감동받는 것은 예배가 아니다. 하나님이 우리 찬양을 아름답다고 느끼시면서 감동받으시는 것이 진정한 예배다. 앞으로 예배 드리러 나올 때 '오늘 하나님께 깊은 인상을 드리겠다, 하나님을 감동시키겠다'는 마음으로 나오길 바란다. 물론 내가 은혜받는 것도 중요하다. 하지만 우선순위는 하나님이 오늘 내 예배를 어떻게 받으셨을지 생각하는 것이다.

찬양팀에서 키보드 반주를 하면서 마음 아팠던 일이 있다. 나는 예배가 끝나서 '아, 주님이 우리 찬양을 정말 기쁘게 받으셨다'라고 생각했다. 그런데 음악디렉터는 만날 베이스기타는 어디가 틀렸고, 저 사람은 어디가 틀렸고 하면서 지적을 했다.

물론 하나님께 제일 좋은 예배를 드리기 위해서 우리가 실력을 갈고닦아야 한다. 하지만 핵심은 무엇인가? 우리 삶의 모든 핵심은 아버지께 드리는 것이 돼야 한다. 마음의 중심을 주님께 드렸다면, 조금 틀리는 것쯤은 괜찮다. 예배는 아버지께 드리는 것이다. 그리고 아버지와 친밀해지는 시간이 돼야 한다.

주님 사랑을 즐기면 지치지 않는다

우리 교회(지구촌교회)는 목장이라 불리는 소그룹이 있다. 각 목장에는 소그룹 인도자가 있다. 하나님은 우리를 무조건적으로 사랑하시지만, 목장 인도자는 조건적인 사랑에 뿌리박힌 듯 보일 때가 있다.

처음에는 나를 위해 희생해주신 주님을 위해 자신도 소그룹 원들을 사랑으로 섬기기로 다짐한다. 그런데 소그룹에는 다양한 사람이 있다. 순한 양도 있지만 이리 같은 양도 있다. 그 이리들이 인도자를 힘들게 한다. 그러면 처음에 다짐했던 마음이 점점 사그라지면서 지쳐간다.

이때 반드시 기억해야 할 사실이 있다. 하나님은 무조건 당신을 사랑하신다. 당신이 성심성의껏 조원들을 섬겨야만 사랑하시는 것이 아니다. 주님을 닮아 사랑이 내 안에 흘러넘치게 되면, 그 어떤 이리 같은 조원을 만나도 지치지 않는다. 당신 마음의 의무감을 버리라.

내가 답답한 것이 있는데, 예수님이 우리를 위해 모든 희생을 짊어지셨으므로 우리도 자꾸 희생해야 한다는 생각이다. 아마 주님은 황당하실 것이다. 예를 들어, 아는 형제가 어느 날 지갑을 잃어버려 돈이 없다는 말을 듣고 나는 그에게 기쁜 마음으로 밥을 사주었다. 그랬더니 형제님이 어디서 돈을 꿔 와서 나에게 밥을 사준다. 그러면 나는 괜히 사주게 된 거다.

예수님은 당신이 희생하는 게 아니라 누리기를 원하신다. 그 사랑을 누리길 원하신다. 그러니까 소그룹 리더가 된다면 해야 할 것은 당신이 받은 사랑이 소그룹원들에게 흘러가도록 주님의 사랑에 젖어드는 일이다. 주님의 사랑을 즐기라. 그러면 지치지 않는다.

그렇다면 소그룹원들은 어떻게 해야 하는가? 어느 날 소그룹 모임에 가기가 너무 싫다. 그런데 그동안 리더에게 얻어먹은 밥이 있어서 마음이 찔린다. '아, 누나한테 전화 오면 뭐라고 하지? 그동안 얻어먹은 밥이 얼만데. 나도 양심이 있지.' 이러한 태도로 하나님을 대하는 건 정말 그분을 오해하는 것이다.

의무감은 하나님과의 친밀함을 방해한다. 하나님은 당신이 어느 날 소그룹 모임에 가기 싫어서 빠지더라도 똑같이 사랑하신다. 의무감으로 모든 일을 하면 당신은 나중에 재미를 잃을 것이다. 그러면 어떤 마음으로 해야 하는가?

'나 정말 하나님을 알아가고 싶어. 그런데 하나님이 하나님 이름으로 두세 사람이 모인 곳에 함께하신다고 했으니, 혼자 있는 것보다는 믿는 자들과 함께하는 걸 더 원하시겠구나. 그러면 나도 그곳으로 가서 즐겨야지.'

주님의 희생, 주님의 사랑을 즐기라. 나는 당신의 모든 소그룹이 딱 하나의 목적, 주님과의 친밀함이 더 깊어지는 곳이 되길 바란다. 무언가를 성취하거나 희생하기 위해 의무감으로 하는 시간이 아니라 주님과 친밀해지기 위해 참여하는 소그룹 시간이기를 주님의 이름으로 축복한다.

하나님은 우리를 무조건 사랑하신다. 하나님은 인간을 위해 에덴동산을 지어주셨다. 그런데 인간은 죄를 지었다. 하나님을 배신했다. 그런데 인간이 죄를 지은 후 하나님이 첫 번째로 하신 일이 무엇인가? 다음 구절을 읽고 나는 눈물을 흘렸다.

여호와 하나님이 아담과 그의 아내를 위하여
가죽옷을 지어 입히시니라 창세기 3장 21절

놀랍지 않은가. 손수 만들어 사랑해준 인간이 하나님을 배신하고 죄를 지었다. 그러면 옷을 만들어주기 전에 책망부터 해도 큰 무리는 없다. 하지만 하나님은 가죽 옷부터 지어 입히셨다. 죄를 지은 인간을 위해서 말이다. '어, 얘네 추워 보이네. 부끄러워하네.' 먼저 인간의 필요를 채우셨다. 그만큼 하나님은 우리를 사랑하신다.

창세기 18장을 보면 하나님은 소돔과 고모라를 멸하겠다고 말씀하신다. 아브라함은 협상을 시작했다. 하나님은 의인을 50명 찾으면 죽이지 않으실 거라고 했다. 그러다가 그 수가 더 줄어들고, 10명으로도 멸하지 않겠다고 말씀하신다. 하나님은 사실 멸하고 싶지 않으셨던 것이다. 공의를 위해 어쩔 수 없이

멸할 수밖에 없는 상황에서, 의인이라는 핑계를 찾고 싶으셨던 것이다. 이것이 바로 하나님의 마음이다.

> 유월절 전에 예수께서 자기가 세상을 떠나
> 아버지께로 돌아가실 때가 이른 줄 아시고
> 세상에 있는 자기 사람들을 사랑하시되
> 끝까지 사랑하시니라 요한복음 13장 1절

인간의 사랑은 변한다. 왔다 갔다 한다. 그러나 하나님은 끝까지 사랑하신다. 당신은 어떨 때는 뜨겁게 하나님의 사랑을 느끼다가도, 어느 때는 굉장히 썰렁하게 느낄 것이다. 아무리 하나님의 임재를 갈망하고 기도해도 응답이 없고, 큐티를 해도 모를 때가 있을 것이다. 그러나 중요한 것은 당신이 느끼든 못 느끼든 하나님이 언제나 당신을 사랑하신다는 사실이다.

지구는 자전하면서 공전한다. 그래서 밤낮이 존재한다. 그렇다면 밤에는 태양이 없어지는 것인가? 아니다. 태양은 여전히 지구를 비추고 있다. 하나님의 사랑도 똑같다. 그분의 사랑은 늘 변함없지만, 우리가 때로는 느낄 수도 있고 못 느낄 수도 있을 뿐이다. 우리가 할 것은 하나님의 사랑이 느껴지지 않을 때도 말씀을 기억하는 일이다.

아버지께서 나를 사랑하신 것같이

나도 너희를 사랑하였으니

나의 사랑 안에 거하라 요한복음 15장 9절

하나님은 예수님을 사랑하신다. 그런데 그처럼 우리도 사랑하신다. 그리고 예수님도 그와 같이 우리를 사랑하신다. 그러니 하나님의 사랑 안에 거하라.

사랑 안에 두려움이 없고

온전한 사랑이 두려움을 내쫓나니

두려움에는 형벌이 있음이라

두려워하는 자는 사랑 안에서

온전히 이루지 못하였느니라

요한일서 4장 18절

당신에게도 두려움이 있을 것이다. 미래에 대한 두려움, 거절에 대한 두려움, 사랑받지 못할 것 같은 두려움 등. 이러한 두려움이 존재하는 이유는 하나님의 사랑을 모르고 그 안에 있지 않기 때문이다. 온전한 사랑은 두려움을 내쫓는다.

하나님은 우리가 무엇을 해야만 사랑하시는 분이 아니라 우리를 조건 없이 사랑하시는 분이다. 당신은 하나님께 사랑받기 위해 무언가를 의무적으로 할 필요가 없다. 이 사실을 이해하라. 하나님은 당신을 무조건 사랑하신다.

하나님을 만나는 게 어려워요

나는 이런 말을 굉장히 많이 듣는다.

"전도사님, 저 정말 하나님을 만나고 싶은데 못 만났어요."

"하나님의 뜻을 모르겠어요."

"하나님의 음성을 어떻게 들을 수 있나요?"

"하나님이 느껴지지 않아요. 어떻게 해야 느낄 수 있나요?"

"하나님의 임재를 느끼고 싶어요."

많은 사람이 하나님을 만나는 게 어렵다고 말한다. 그러나 그것은 사실이 아니다. 왜냐하면 하나님은 우리가 하나님을 만나기 원하는 것보다 비교할 수 없을 만큼 훨씬 더 우리를 만나고 싶어 하시고 우리와의 만남을 기다리고 계시기 때문이다. 우리가 할 일은 우리를 기다리고 계시는 그분께로 돌아가는 일뿐이다. 방향을 틀면 된다. 그분의 영원한 사랑의 품에 안기기만 하면 된다.

> 너희가 온 마음으로 나를 구하면 나를 찾을 것이요
> 나를 만나리라 예레미야서 29장 13절

다른 거 구하지 말라. 오직 주님을 만나기를 구하라. 내일 놀랍게 간증할 수 있도록 오늘 전심으로 하나님을 찾으라.

> 그러나 여호와께서 기다리시나니
> 이는 너희에게 은혜를 베풀려 하심이요
> 일어나시리니 이는 너희를 긍휼히 여기려 하심이라
> 이사야서 30장 18절

하나님은 우리에게 은혜를 베풀고 싶어서 우리를 기다리신다. 우리는 탕자의 비유를 잘 안다. 탕자는 아버지에게 미리 유산을 받아 그것을 탕진하고 나서 굶어죽게 되자 아버지에게 돌아간다. 아들로 받아달라고 하기엔 민망해서, 종이 되기로 결심한다. 나는 다음 구절을 읽고 정말 펑펑 울었다.

> 이에 일어나서 아버지께로 돌아가니라
> 아직도 거리가 먼데 아버지가 그를 보고
> 측은히 여겨 달려가 목을 안고 입을 맞추니 누가복음 15장 20절

아직도 거리가 먼데, 아버지가 측은히 여겨 달려왔다. 그 아버지의 마음을 느끼니 정말 슬펐다. 얼마나 기다렸으면, 저 멀리서 오는 아들을 단번에 발견할 수 있었겠는가. 아버지는 아

들을 달려가 맞이할 뿐만 아니라 입을 맞추었다. 이는 아들이 아버지에게 "아버지 내가 하늘과 아버지께 죄를 지었사오니 지금부터는 아버지의 아들이라 일컬음을 감당하지 못하겠나이다"(21절)라고 고백하기도 전에 이루어진 일이었다. 우리는 이 부분에 집중해야 한다.

우리가 회개하기도 전에 하나님은 이미 우리를 기다리고 계신다. 하나님을 뜨겁게 경험하지 못해서 답답한 사람이 있다면, 주님이 더 답답해하고 계신다는 걸 알아야 한다. 주님은 너무도 오래 우리를 기다리고 계신다. 그 사실을 알고 그분 품에 안기기만 하면 된다. 어떤 형제자매는 주님과 매우 가깝고 온전한 삶을 살고 있는데 나는 아직 먼 것 같아 좌절할 필요가 전혀 없다. 오늘부터 한 걸음씩 가면 된다. 주님은 당신을 늘 기다리고 계신다. 이렇게 기도하라.

"아버지, 저 오늘 알게 됐습니다. 제가 아버지를 오해했다는 것, 아버지 마음을 몰랐다는 것, 아버지가 저를 무조건 사랑하신다는 것을 이제야 깨달았습니다. 아버지가 절 기다리고 계신다는 사실을 그동안 몰랐습니다. 아버지의 능력을 제한해 왔음을 몰랐습니다. 아버지는 저를 위해 다 주고 싶어 하시는데, 저의 건강과 행복을 그 누구보다 바라시는데 저는 전혀 몰랐습니다. 아버지, 오늘부터 제가 아버지가 누구이신지 잘 알게 해주세요. 제게 말씀해주세요. 아버지를 보여주세요. 아버지를 알고 싶습니다. 보혈의 능력으로 저를 변화시켜주세요. 지금 십자가에서 떨어지는 그리스도의 피로 저를 새롭게 해주세요. 이전과는 다른 저로 만들어주세요."

이전에 내 안에는 열등감이 있었다. 하지만 하나님은 내가 상속자임을 이야기하시면서 내가 전혀 열등하지 않다고 말씀해주셨다. 내가 공부를 못하고 게으르고 말주변이 없다고 주변에서 손가락질할 때, 주님은 이렇게 말씀해주셨다.

"너는 내 상속자다. 내가 너를 위하여 모든 것을 아낌없이 십자가에서 이루었다."

그러니 이제 이렇게 기도하자.

"주님, 이 시간 저를 새롭게 해주세요. 이전에 제가 부모님으로부터 들은 말, 선생님으로부터 들은 말, 이 세상의 가치관이 주장하는 그런 개념, 매스미디어가 가르치는 나에 대한 규정을 듣지 않겠습니다. 오직 저를 향한 주님의 음성에 귀 기울이기 원합니다. '너는 내 상속자다, 무슨 일이 있어도 내가 너를 끝까지 사랑한다'고 말씀하시는 주님의 사랑으로 이 시간 저를 변화시켜주세요. 제 안에 열등감과 상처가 있다면 씻어주세요. 제 안에 주님에 대한 오해와 원망이 있다면 풀어주시옵소서. 주님과 화해하고 싶습니다. 주님과 친밀해지고 싶습니다. 아버지, 저를 변화시켜주옵소서."

세상의 거짓말에
속지 말라

앞에서 우리는 하나님에 대한 오해들을 살펴봤다. 한 가지만 놓고 얘기해도 3박 4일이 모자랄 정도로 깊은 주제다. 이 주제에 대한 많은 질문이 있을 수 있다. 그렇지만 내가 말하고 싶은 핵심은 이것이다. 하나님에 대한 우리의 오해가 하나님과의 관계에 방해되기 때문에 꼭 풀어야 한다는 것이다.

그러므로 우리가 그리스도를 대신하여 사신이 되어

하나님이 우리를 통하여 너희를 권면하시는 것같이

그리스도를 대신하여 간청하노니 너희는 하나님과 화목하라

고린도후서 5장 20절

내가 안타까운 것은 많은 사람이 하나님과 화목하지 못하다는 사실이다. 그 이유를 고민해보니, 많은 사람이 오해를 안고 있음을 알게 됐다. 나는 당신이 그 사실을 깨닫기 바란다.

어떤 형제가 나에게 이렇게 질문했다.

"전도사님은 하나님이 고난을 주지 않으신다고 했는데, 그렇다면 이스라엘 백성이 광야에서 40년 동안이나 방황한 이유는 무엇입니까? 그것이 고난 아닙니까?"

나는 이 세상에 고난이 없다는 말을 하는 것이 아니다. 고난은 있다. 다만 내가 겪는 모든 고난이 다 하나님이 주신 것은 아니라는 얘기다. 그렇다면 이스라엘 백성은 어떻게 된 것인가? 약속의 땅을 눈앞에 두었을 때, 두 명의 정탐꾼만 하나님의 약속을 믿고 나머지는 그 약속을 믿지 못하고 두려움에 떨었다. 그래서 하나님은 분노하셨다.

너희의 자녀들은 너희 반역한 죄를 지고 너희의 시체가 광야에서
소멸되기까지 사십 년을 광야에서 방황하는 자가 되리라
너희는 그 땅을 정탐한 날 수인 사십 일의 하루를 일 년으로 쳐서
그 사십 년간 너희의 죄악을 담당할지니 너희는 그제서야

내가 싫어하면 어떻게 되는지를 알리라 하셨다 하라

민수기 14장 33,34절

이스라엘 백성의 광야 생활은 하나님이 주신 고난이 아니라 죄의 결과였다. 그들이 죄를 짓지 않았으면 40년 광야 생활은 벌어지지 않았을 것이다. 죄의 결과로 고난을 당할 수는 있어도, 성숙에 이르게 하려고 하나님이 일부러 고난을 주지는 않으신다는 말이다. 죄에는 언제나 결과가 있다. 내 마음대로, 내 죄성대로 살면 그 결과가 있다.

예를 들어 서울 시내 한복판에서 동성애 퍼레이드를 했다고 하나님이 메르스를 보내셨다는 건 틀린 얘기지만 죄로 인한 결과는 반드시 우리에게 온다. 청소년들이 뭘 모르고 동성애에 빠져들어 질병이나 아픔, 상처, 자살을 택하게 될지 모른다. 이것은 하나님이 주신 것이 아니라 우리가 죄를 지은 결과다. 동성애가 소수자 보호라는 명목 아래 인권보호처럼 포장되고 있는 사실이 너무 안타깝다. 성경을 보면, 구약에도 신약에도 동성애가 죄라고 분명히 적혀 있다.

그와 같이 남자들도 순리대로 여자 쓰기를 버리고
서로 향하여 음욕이 불 일듯 하매
남자가 남자와 더불어 부끄러운 일을 행하여

그들의 그릇됨에 상당한 보응을 그들 자신이 받았느니라

로마서 1장 27절

동성애자가 되면 사망률이 높아진다. 병으로 죽을 수도 있고 자살할 수도 있다. 이는 죄에 대한 대가를 받는 것이다. 하나님이 동성애를 했다고 일부러 병을 주시거나 자살로 인도하시는 것이 아니다.

특별히 육체를 따라 더러운 정욕 가운데서 행하며
주관하는 이를 멸시하는 자들에게는 형벌할 줄 아시느니라

베드로후서 2장 10절

동성애는 여호와를 멸시하는 행동이다. 미국 50개 주에서 동성혼이 합법화되던 날 나는 기도를 하다가 정말 많이 울었다. 주님의 가슴이 찢어지시는 게 느껴져서 내 가슴도 찢어졌다. 동성애는 분명한 죄다. 그것은 인권보호가 아니다. 하나님은 동성애자들도 돌아오길 원하시고 사랑하신다.

또한 우리가 당하는 고난은 하나님의 징계인 경우도 있다. 우리가 죄를 짓게 되면 하나님은 징계를 하신다.

무릇 내가 사랑하는 자를 책망하여 징계하노니

그러므로 네가 열심을 내라 회개하라 요한계시록 3장 19절

사랑의 하나님이 징계하시는 이유는 무엇일까?

또 아들들에게 권하는 것같이

너희에게 권면하신 말씀도 잊었도다 일렀으되

내 아들아 주의 징계하심을 경히 여기지 말며

그에게 꾸지람을 받을 때에 낙심하지 말라

주께서 그 사랑하시는 자를 징계하시고

그가 받아들이시는 아들마다 채찍질하심이라 하였으니

너희가 참음은 징계를 받기 위함이라

하나님이 아들과 같이 너희를 대우하시나니

어찌 아버지가 징계하지 않는 아들이 있으리요

징계는 다 받는 것이거늘

너희에게 없으면 사생자요 친아들이 아니니라

또 우리 육신의 아버지가 우리를 징계하여도 공경하였거든

하물며 모든 영의 아버지께 더욱 복종하며 살려 하지 않겠느냐

그들은 잠시 자기의 뜻대로 우리를 징계하였거니와

오직 하나님은 우리의 유익을 위하여

그의 거룩하심에 참여하게 하시느니라

무릇 징계가 당시에는 즐거워 보이지 않고 슬퍼 보이나

후에 그로 말미암아 연단받은 자들은

의와 평강의 열매를 맺느니라

그러므로 피곤한 손과 연약한 무릎을 일으켜 세우고

너희 발을 위하여 곧은 길을 만들어

저는 다리로 하여금 어그러지지 않고 고침을 받게 하라

히브리서 12장 5-13절

하나님을 통해 연단받은 자들은 의와 평강의 열매를 맺는다. 그러나 애초에 잘못하지 않았으면 징계도 없었을 것이다. 하나님은 우리가 잘못을 하면, 부모가 아이를 훈육하듯 징계하신다. 그런데 우리는 그걸 모르고 오해한다.

'어? 하나님이 나를 성숙하게 하려고 연단시키시네?'

아니다. 모든 것은 우리가 자초한 일이다.

우리의 고난이 첫 번째는 죄의 결과이고, 두 번째는 징계라고 했다. 그리고 세 번째로 우리가 죄를 지은 것도 아니고 징계를 받는 것도 아닌데 고난을 당하는 경우가 있다. 그것은 바로 이 세상이 죄로 타락했기 때문이다. 네 번째로 사탄의 공격이 있다. 하나님이 아무 이유 없이 주신 고난인 경우는 결코 없다. 아무리 성숙이 이유라고 해도 하나님은 그렇게 고난을 주시는 비인격적인 분이 아니다.

인생을 변화시키는 가장 강력한 것

내 이야기가 미흡해서 이해하지 못하는 사람이 있을지도 모르겠다. 그래도 나는 걱정하지 않는다. 우리의 모든 궁금증에 대한 해답은 성경에 있다. 그래서 나는 성경을 많이 읽기를 권한다. 나는 성경을 많이 읽는다. 성경을 읽으면서 '그동안 내가 왜 이런 걸로 고민했지?' 하는 것이 너무 많다.

성경은 정말 놀라운 책이다. 궁금한 게 있으면 목사님, 전도사님께 물어보는 것도 좋고 리더에게 물어보는 것도 좋지만, 무엇보다 좋은 것은 성경을 직접 읽는 것이다. 간식 먹듯이 성경을 읽지 말고 잔칫상 밥 먹듯이 성경을 읽으라는 말이 있다.

큐티는 성경을 읽으며 하나님과 친밀해지고 하나님의 음성을 듣는 시간이다. 그러나 그것만으로 충분하다고 생각해서는 안 된다. 그것은 깊은 묵상에 들어가는 것이고, 우리가 또 변화되고 하나님 뜻대로 살기 위해서는 무시로 자주 성경을 읽어야 한다.

어떤 유명한 목회자, 훌륭한 선교사의 설교를 아무리 많이 들어도 신자 스스로가 성령님을 의지해 성경 한 구절을 차분히 읽는 것만 못하다고 생각한다. 성령님이 당신에게 직접 말씀하시는 것이 최고다. 성령님이 성경의 저자이기 때문이다. 성령님이 우리에게 말씀해주는 것만큼 우리 삶을 변화시키며 강력하게 은혜를 주는 것은 없다. 내 인생을 가장 변화시킨 순간은 창세기부터 요한계시록까지 성경을 일독한 순간이었다.

정말 읽고 또 읽어도 이렇게 놀라운 책이 없다. 성경이 영적인 문제, 신앙에 관한 문제만 해결해준다고 생각하면 큰 오해다. 성경은 우리의 현실적인 문제에 대해서 구체적인 해답을 제시해준다. 모든 궁금증에 대한 해답은 성경에 있다. 우리 안에 많은 삶의 갈등이 존재하는 이유는 성경을 읽지 않기 때문이다. 성경을 읽으면 하나님이 모든 해답을 주실 거라고 믿는다.

'원래'라는 건 없다

그렇다면 처음으로 돌아가, 나는 누구인지 생각해보자.

> 그런즉 누구든지 그리스도 안에 있으면 새로운 피조물이라
> 이전 것은 지나갔으니 보라 새 것이 되었도다
>
> 고린도후서 5장 17절

누구나 다 아는 말씀이다. 이 구절은 영혼의 구원에만 적용되는 것이 아니라 삶의 모든 영역에서 적용된다. 이것을 모르는 사람들이 굉장히 많다. 새로운 피조물이 되면 그리스도 피의 능력이 삶의 모든 영역에서 언제나 역사하게 된다. 그 능력을 받게 된다.

예를 들어 유전적 질병을 생각해보라. 당신의 할머니도 당뇨

고, 할아버지와 엄마, 아빠도 모두 당뇨다. 그러면 당신이 당뇨에 걸릴 확률이 높은가, 낮은가? 높다. 이때 어떻게 해야 하는가? 그리스도 보혈의 능력으로 그 유전적 질병을 끊어버리라. 하나님은 그러한 능력을 당신에게 이미 주셨다. 그것이 바로 새롭게 되는 것이다.

당신이 취직을 해야 하는데, 가고 싶은 회사의 취업 자격을 보니 영어 성적이 필요하다. 그래서 영어 공부를 하려는데, 학창 시절에 영어를 못했던 기억이 떠오른다. 그러면 보통 이렇게 생각한다. '아, 나 원래 영어 못하는데.'

분명히 말하건대 '원래'라는 것은 없다. 원래는 하나님이 창조하신 거고, '나는 원래 수학을 못해, 나는 원래 영어를 못해'라는 것은 있을 수가 없다. 왜냐하면 이전 것은 지나갔고 새것이 되었기 때문이다! 당신이 학창 시절에 영어를 못했다고 원래 영어를 못하니 지금도 못할 거라는 생각은 사탄이 주는 거짓말이다. 나는 그 증거를 댈 수 있다.

나는 어릴 때부터 '원래'라는 건 없음을 알았다. 보혈의 능력으로 새롭게 될 수 있음을 알았다. 나는 하나님이 모든 사람을 천재로 만드셨다고 믿는다. 그런데 그 천재성이 어디에 있는지 발견하는 것은 우리 몫이다.

나는 대학 입시가 끝나자마자 예비 입시생을 가르쳤다. 그러니까 한 살밖에 차이 나지 않는 학생을 가르친 것이다. 내가 처음으로 가르친 아이는 막 고등학교 3학년이 된 여자아이였다. 그 여학생은 수학을 너무 싫어했다. 관심도 없을 뿐더러 잘하고 싶은 마음도 없었는데 부모님이 과외를 시키니 하게 된 것이다. 그 학생은 그때까지 수학 성적이 30점을 넘어본 적이 한 번도 없었다. 나는 3개월 만에 그 학생의 수학 성적을 60점 가까이 올려주었다.

오랫동안 학생들을 한국 대학에 보내는 일을 하다가 나중에는 미국 대학에 보내는 것으로 직업을 바꿨다. SAT(미국의 대학 진학능력 기초시험)를 가르쳤는데, 대부분 귀한 집 자제였다. 그 아이들은 자기들이 꼴통이라고 했다. 미국에 사는데 영어를 못했다. 한국 아이들끼리 놀면서 마약하고 막 살았기 때문이다. 부자인 부모님께 언젠가 유산을 받을 테니까 대학에 가고 싶어 하지도 않았다. 공부에 대한 동기가 없으니 공부를 해본 적이 전혀 없었다. 그저 부모님 때문에 억지로 학원에 왔을 뿐이다. 아이들은 껌을 짝짝 씹으면서 나를 위아래로 훑어보았다. 나는 아이들에게 이렇게 말했다.

"하나님이 너를 놀랍고 아름답게 만들었다. 너는 천재다."

그러면 애들이 껌을 씹으면서 비웃었다. 나는 이렇게 물었다.

"너 어느 대학에 가고 싶어?"

"대학 가고 싶은 생각 없는데요?"

"그래? 그래도 간다고 하면 어느 대학에 가고 싶어?"

이렇게 물으면 공부를 잘하는 사람이나 못하는 사람이나 거의 비슷하게 하버드나 스탠포드를 이야기한다. 사실 아는 대학이 별로 없기 때문이다. 나는 이렇게 말한다.

"그래, 너 거기 갈 수 있어."

그러면 아이들이 씹던 껌이 입 밖으로 튀어나온다. 그러면서 욕도 함께 나온다. 특히 남학생들이 심하다. 대부분 처음에 나를 엄청 싫어한다. 내가 미쳤다고 생각한다. 나는 스무 번만 수업하면 얼마든 성적이 나올 거라고 말한다. 그 스무 번의 수업 동안 하나님이 원래 그 아이들을 이렇게 만들지 않으셨다는 사실을 끊임없이 이야기해준다. 각자가 얼마나 놀라운 존재인지 알려준다.

물론 처음에는 씨알도 안 먹힌다. 그러나 점점 아이들이 변하고, 그 결과 놀라운 성적표를 받게 된다. 공부라는 걸 해본 적이 없는 아이가 명문 대학에 진학했다. 그런 아이들이 한두 명이 아니었다. 이러한 일이 어떻게 가능했을까? 하나님이 원래 우리를 그렇게 만드셨기 때문이다.

하나님은 우리에게 모든 걸 주셨다. 그런데 사탄의 공격, 상처와 왜곡으로 그 능력을 발휘하지 못하는 것뿐이다. 앞으로는 "난 원래 이래"라는 말을 쓰지 말라. 이전 것은 지나갔으니 새것이 되었음을 믿으라. 어제까지 못했어도 상관없다. 오늘 새것이 되면 된다. 당신도 새것이 될 수 있다. 과거에 못했던 것, 연약했던 것을 모두 끊어버리고 새롭게 될 수 있다. 사탄의 거짓말에 속지 말라.

세상의 가치관은 교회에도 깊숙이 침투해 있다. 우리는 이를 진리의 말씀으로 물리쳐야 한다. 우리는 사탄의 공격에서 거짓말을 끊어버리는 동시에 세상의 가치관과 싸워야 한다. 이 땅은 영적 전투를 하는 곳이다. 우리가 물을 거슬러 올라갈 때 가만히 있으면 물에 휩쓸리듯이, 이 세상 가운데 가만히 있으면 세상의 가치관에 휩싸여서 가게 될 것이다. 우리는 물을 거꾸로 거슬러서 올라가야 한다.

돈과 외모

요즘 세상의 가치관 가운데서 가장 높게 치는 것이 돈과 외모인 듯하다. 돈이 전부다. 명예와 지위보다 돈이 더 우선이다. 그래서인지 로또 번호 예측률이 높은 사이트가 그렇게 잘된다고 한다. 그러나 분명히 말하건대 돈은 정말 아무것도 아니다.

백화점에 가서 돈 걱정 안 하고 정말 사고 싶은 거 원없이 사보고 싶은가? 실제로 내가 가르친 학생들은 압구정 갤러리아백화점에 가서 "이거 이거 주세요" 고르기만 하면 그날 집까지 배달이 되는 삶을 산다. 그렇게 살면 신날 거 같은가? 그렇지 않다. 남편이 한 달에 300만 원만 더 가져오면 행복할 거 같은가?

절대 아니다. 이런 예를 수백 가지는 들 수 있다.

만약 내가 건물을 사야 하는데 가장 필요한 것은 돈이라고 생각하는가? 아니다. 이 세상의 모든 돈, 이 세상의 모든 빌딩은 다 우리 아버지의 것이다. 아버지는 우리의 필요를 다 아신다. 우리에게 필요한 걸 전부 다 주신다. 당신은 돈을 추구할 필요가 없다. 돈이 있으면 편안하고 좋을 것 같지만, 결국에 돈이라는 건 목마름이다. 가지면 가질수록 더 갖고 싶은 게 돈이다. 돈에는 만족이 없다. 충만이 없다.

하나님이 우리에게 돈을 사랑하지 말라고 하신 까닭은 하나님 자신을 위해서가 아니다. 우리의 행복을 위해서다. 우리가 돈을 사랑하게 되면 불행할 수밖에 없기 때문이다. 돈을 벌어 차를 사면 행복할까? 아니다. 내가 산 차보다 더 좋은 차가 얼마든지 많기 때문이다. 더 멋진 차가 눈에 들어온다. 아무리 멋진 집을 사도 더 멋진 집이 많다. 돈으로는 절대 행복을 사지 못한다. 우리에게 온전한 행복을 줄 수 있는 것은 오직 예수 그리스도뿐이다.

지금 돈이 없는데 하나님이 안 주셔서 원망이 되는가? 그렇다면 신경 써야 할 부분은 하나님이 진짜 내 아버지고 내가 정말 그분 자식인지의 여부다. 많은 사람들이 아버지와 상관없이 살면서 돈 걱정을 하고 있다. 내가 정말 하나님의 자식이라면 게임 끝이다. 빌 게이츠 아들이 돈 걱정을 하겠는가. 빌 게이츠 아들이 돈 걱정을 한다 해도 우리는 그럴 필요가 없다.

이렇게 말하면 "전도사님, 현실이 그렇잖아요"라고 한다. 세상의 잣대로 나를 바라볼 필요가 없다. 현실이 당신을 정복하지 못하게 해야 한다. 복음의 능력을 발휘하고 살아야 한다. 복음을 전하기 시작하면 삶이 바뀌기 시작한다. 왜 삶이 힘든가. 내 문제에 집중하기 때문에 힘든 것이다.

나는 외국을 많이 돌아다녔는데, 우리나라만큼 외모지상주의가 팽배한 곳은 못 봤다. 우리나라는 정말 예쁘고 잘생긴 것을 너무 중시한다. 거울을 볼 때 우리나라 여성의 90퍼센트가 자기가 뚱뚱하다고 생각한다는 신문 기사를 봤다. 정말 잘못돼도 크게 잘못됐다. 이는 사탄이 기뻐하는 일이다.

나는 어린 시절, 하나님은 중심을 보는데 사람은 외모를 본다는 구절을 본 후로 하나님의 눈으로 사람을 보는 눈을 달라고 간절히 기도했다. 그 기도를 하나님이 응답해주셨다. 나에게는 사람을 볼 때 하나님의 눈으로 보는 능력이 있다. 이는 정말 귀한 능력이다.

나는 학교를 졸업하고도 공부를 좀 오래 해서 학교 도서관을 매일 이용했다. 밥은 학교 식당에서 먹었는데, 당시 학교에 입학한 김태희 씨가 항상 똑같은 시간에 똑같은 곳에서 밥을 먹었다. 물론 그때는 탤런트가 아니었다. 보통 우리는 예쁜 사람 보면 "나도 저렇게 생기고 싶다"고 말한다. 그런데 김태희 씨를 보고서는 그런 생각이 들지 않았다. 그냥 완전히 다른 종족이기 때문이다. 키도 안 큰데 다리도 길고 비율이 좋았다.

한번은 후배가 연예부 기자여서 시사회 초청을 받아 공짜로 영화를 보여줬다. 무대인사로 소지섭 씨가 오기로 했는데, 그 후배나 나나 소지섭 씨를 싫어했다. 그냥 내 타입이 아니었다.

"왜 하필 오늘 소지섭이 온다는 거야?"

이렇게 투덜대는데 소지섭 씨가 딱 들어왔다. 그런데 거짓말 조금도 안 보태고 그를 보자마자 그 자리에서 꼬고 앉아 있던 다리가 탁 풀렸다. 완벽했다. 우리 둘은 회개의 시간을 가졌다. '우린 왜 그동안 그를 싫어했던가. 화면만 보고 사람을 판단하다니.' 정말 깜짝 놀란 경험이었다.

나는 그 두 사람을 봤을 때 정말 크게 감탄했다. 그런데 나는 하나님의 눈으로 사람을 보게 해달라는 기도가 응답되고 나서 다른 사람을 볼 때 그 사람만의 미(美)를 보게 되었다.

우리 몸 가운데 바뀌어야 할 부분은 몸매가 아니라 눈이다. 거울을 보다가 살을 빼고 싶은 마음이 든다면, 당신의 눈을 바꿔달라고 기도하라. 하나님의 눈으로 당신 자신을 바라보게 해달라고 기도하라. 이러한 기도가 '나는 누구인가'에 대한 설교를 열 시간 듣는 것보다 더 의미 있다. 열 시간 동안 설교를 듣고 거울을 봤는데 내가 별로라고 느껴진다면 아무 의미가 없다.

우리가 해야 할 것은 날 향한 하나님의 시선을 나도 갖게 되도록 기도하는 일이다. 그러면 인생이 놀랍게 변한다. 하나님의 눈으로 나를 봐야 한다. 물론 우리는 모든 것을 하나님의 관점으로 봐야 하지만, 첫 시작은 '나'다. 나를 제대로 보지 못하면서 어떻게 다른 걸 볼 수 있겠는가. 나를 하나님의 눈으로 볼 수 있게 해달라고 지금부터 기도하라. 진리의 말씀을 붙잡고 세상의 가치관을 물살을 거스르듯이 걸어가야 한다.

넌 잘하는 게 없어

사탄의 거짓말에 속지 않도록 기도했다면, 이제 그 거짓말을 진리의 말씀으로 대적해야 한다. 사탄은 우리에게 너무 많은 거짓말을 한다. 예를 들면, "넌 잘하는 게 없어" 같은 것이다. 그런데 우리는 사탄이 이렇게 말할 때 크게 동감한다. 왜냐하면 처음 듣는 말도 아니어서 마음에 와 닿는다. 부모님에게 들은 말 같고, 친구에게도 들은 말 같고, 선생님에게도 들은 말 같다.

달란트 비유를 이야기하면 대부분 자신은 한 달란트 받은 사람이라고 생각한다. 남은 다 다섯 달란트를 받았는데 자신은 한 달란트밖에 못 받았다고 생각한다. 이는 모두 사탄의 거짓말에 속은 결과다. 나 자신을 하나님의 눈으로 바라보면 그런 거짓말에 속지 않을 수 있다. 하나님의 눈을 갖게 해달라고 기도하고, 사탄의 거짓말을 진리의 말씀으로 대적하라.

우리나라는 사탄의 거짓말로 가득 찬 나라다. 우리나라는 스트레스 지수가 높다. 그래서 삼사십 대 사망률이 OECD 국가 중 가장 높다. 우리나라 삼사십 대의 사망 요인 중 1등이 자살이다. 그런데 더 슬픈 사실이 있다. 자살을 하지 않고 삼사십 대를 견딘 사람 가운데 상당수가 암에 걸린다는 것이다. 우리는 그렇게 힘든 나라에서 살고 있다. 그러니 사탄이 계속 살고 싶지 않게 만들고 의욕을 상실시키고 무기력하게 만들기 위해 공격한다.

그러므로 우리는 진리의 말씀으로 사탄을 대적해야 한다. 하나님의 시선, 하나님 기준으로 내 정체성을 확립해야 된다. 그러면, 하나님의 시선을 갖는다는 것은 어떤 것인가?

하나님이 지으신 그 모든 것을 보시니
보시기에 심히 좋았더라
창세기 1장 31절

인간을 만드시기 전까지 하나님은 창조하신 것을 보며 그냥 "좋았더라"라고 하셨다. 그런데 인간을 만들고 나서는 "심히 좋았더라"라고 하셨다. 우리는 이 음성에 귀 기울여야 한다. 아무것도 잘하는 게 없다고 속삭이는 사탄의 음성에 귀 기울이면 나 자신이 못마땅해진다. 그런데 사탄이 그렇게 말할 때 진리의 말씀, 나를 볼 때 심히 좋았다고 하시는 그 말씀을 붙들면 나 자신을 사랑할 수 있다.

당신이 거울을 볼 때 평생 그 음성에 귀 기울이기를 바란다. 당신이 실수하고 연약하고 부족해도 하나님은 전혀 신경 쓰지 않으신다. 그저 심히 좋다고 하신다. 그 음성에 귀 기울이라. 그것이 당신의 정체성을 확립해줄 것이다.

다음 말씀은 많은 사람이 잘 아는 구절이다. 이 구절로 만든 노래도 익히 알려져 있다. 그런데 많은 사람이 이 구절을 자신에게 잘 적용하지 않는다.

> 너의 하나님 여호와가 너의 가운데에 계시니
> 그는 구원을 베푸실 전능자이시라
> 그가 너로 말미암아 기쁨을 이기지 못하시며
> 너를 잠잠히 사랑하시며 너로 말미암아
> 즐거이 부르며 기뻐하시리라 하리라
>
> 스바냐서 3장 17절

하나님은 당신을 보고 기쁨을 이기지 못하신다. 당신은 그러한 하나님의 마음을 느끼는가?

찬양 인도를 했는데, 그날 음이 잘 맞지 않았다. 그런데 목사님이 오셔서 이렇게 말씀하셨다. "너 오늘 왜 이렇게 상태가 안 좋아? 다 실족했어." 그러면 우리는 그날 잠을 못 이룬다. '내가 정말 부족했나? 우리 팀 연습이 부족했나?' 계속 우울해진다. 그러나 그런 것에 실족할 필요도, 우울해할 필요도 없다. 하나님은 당신이 어떤 실수를 했건 당신을 보며 기쁨을 이기지 못하신다. 이제부터 다른 사람의 시선이나 판단에 신경 쓰지 말라.

원하는 대학에 떨어져서 부모님이 실망하셨다고 해도 기죽지 말라. 왜냐하면 하나님이 당신 때문에 기쁨을 이기지 못하시기 때문이다. 하나님은 결코 대학이나 직장, 연봉 같은 걸로 당신을 규정하지 않으신다. 그저 하나님은 당신의 존재 자체로 기쁨을 이기지 못하신다. 그 사실을 알아야 한다. 그것이 당신에게 힘이 되고 능력이 된다.

지금 이 시간 주님의 음성으로 당신 자신을 확인해보라.

'나는 누구인가?'

당신은 하나님이 심히 좋아하시며 기쁨을 이기지 못하시는 사람이다.

그러면 이렇게 질문하는 사람이 있다.

"그런데 저는 하나님이 기뻐하시는 것을 한 번도 느껴본 적이 없는데요. 왜죠?"

그 이유가 스바냐서 3장 17절에 나온다.

"잠잠히 사랑하시며."

하나님이 잠잠히 사랑하시니까 우리가 못 느낄 뿐이다. 그러니 너무 느낌에 집중하지 말라. 우리의 느낌은 중요하지 않다. 하나님은 변함없이 우리를 잠잠히 사랑하신다. 우리가 넘어지거나 실수할 때도, 우리 자신이 우리를 용서하지 못할 때도 하나님은 우리를 사랑하며 기다리고 계신다.

3
PART

하나님의 나라

하나님의 나라는 말에 있지 아니하고 오직 능력에 있음이라

고린도전서 4장 20절

복음의 능력

    교회 생활을 하면 수련회를 많이 가게 된다. 많은 사람들이 수련회 기간 동안 불을 받는다. 그런데 집에 돌아가면 식는다. 그러면 어떻게 하는가? 겨울수련회에 와야 된다. 그러면 또 불을 받는다. 그런데 또 식는다. 그러면 또 내년 여름수련회에 와야 된다. 이렇게 다람쥐 쳇바퀴 도는 신앙 생활을 하는 분들이 많다.

    이제는 그 다람쥐 쳇바퀴를 끊고 계단을 올라가자. 당신이 영원한 사망에 있다가 예수님을 믿으면서 하나님의 자녀가 된 그날의 뜨거움으로 매일 더 하나님을 알아가고 더 하나님을 사랑하는 계단을 올라가야 한다.

그런데 한편 수련회나 부흥집회에 가도 불을 못 받은 형제 자매들은 더 썰렁해한다. '저 사람들은 주님의 은혜를 경험하고 눈물도 펑펑 흘리는데 왜 난 아무것도 못 느끼는 거야.' '나는 찬양할 때 아무렇지도 않던데.' '기도할 때 아무것도 못 느꼈다.' '하나님께 부르짖었는데 응답이 없었다.'

이런 사람들은 더 외로워지고 더 쓸쓸해진다. 그러면서 '하나님이 난 안 사랑하시나?' 이런 생각을 하게 된다.

그런 분들께 드리고 싶은 말씀이 있다. 사랑의 하나님, 기적의 하나님이 우리와 함께 계신다. 우리가 부르건 부르지 않건 예배의 자리에 계신다. 당신이 느끼느냐 아니냐와 상관이 없다. 당신이 불을 받았건 불을 받지 않았건, 하나님의 음성이 들렸건 들리지 않았건, 하나님은 당신을 사랑하신다. 하나님은 당신과 함께 계신다. 절대로 당신을 포기하지 않으신다.

아직 하나님을 못 느낀 이들에게 말하고 싶은 것은 예레미야서 29장 13절이다.

너희가 온 마음으로 나를 구하면
나를 찾을 것이요 나를 만나리라

이 말씀은 하나님이 너희가 온 마음으로 나를 찾으면 내가 만날지 안 만날지 생각해보겠다는 것이 아니다. 반드시 만나주신다는 것이다. 지금 당장 구하라.

'내가 이전에 알지 못했던 하나님을 만나리라. 내가 지금까지 어떤 은혜를 받았더라도 더 큰 은혜를 받으리라. 내가 어떤 큰 하나님의 사랑을 느꼈어도 오늘 더 크게 하나님의 사랑을 경험하리라.'

전심으로 하나님께 구하라.

전심이라는 것은 마음이 나뉘지 않았다는 뜻이다. 마음속에 있는 많은 생각들을 다 내려놓으라. 다 잊어버리라. 당신의 문제와 고민을 잠시 접어두라. 오로지 여호와를 만나겠다는 그 하나로 채우라. 주님은 반드시 자신의 약속을 지키신다.

이전까지 큰 은혜를 경험하면서 산 사람도 있고, 지금 죽고 싶은 사람도 있을 수 있다. 삶의 수많은 단계 중에서 지금 당신이 어떤 단계인지 모르지만 어떤 단계에 있든지, 내가 확실히 아는 것은 하나님께서 더 좋은 것을 예비해놓고 계신다는 것이다.

네 입을 크게 열라 내가 채우리라 시편 81편 10절

입을 크게 열어라. 주님이 채워주신다. 당신이 무엇을 기대하든 더 큰 것으로 채워주신다.

내가 항상 안타까운 것은 많은 지체들이 복음을 믿는다고 하면서도, 심지어 복음을 전하면서도 막상 자신은 복음의 능력을 경험하지 못한다는 사실이다. 더더군다나 청년 때는 공동체에서 서로 지탱해주기 때문에 믿음이 뜨겁게 유지되지만, 대학을 졸업하여 사회에 나가면 믿음을 잘 지키지 못한다. 대학부 때 뜨겁게 예수님을 잘 믿고 사랑하다가 그 믿음이 무섭게 식는 경우를 너무 많이 봤다.

공동체 내에서 보호받고 있을 때는 공동체가 뜨거운 것을 내가 뜨거운 것으로 착각한다. 그러다 혼자 오지에 뚝 떨어지면 무섭게 식어버리고 만다. 그래서 우리 신앙은 공동체 내에서 확인해서는 안 된다. 하나님과 단둘이 있을 때 확인해야 한다. 그러면 졸업을 하든 회사를 가든 어떤 시험이 오든 그 믿음이 유지된다. 그러니까 당신도 공동체에 있을 때 홀로 내 믿음을 점검해봐야 한다. 정말 나와 하나님의 관계가 깊은지 점검해봐야 한다.

귀한 공동체에 있는 축복을 가장 잘 누리는 길은 뜨거운 공동체를 통해 성령의 불을 받은 후 하나님과 둘만 있는 시간을 가져 그 관계를 잘 쌓아가는 것이다. 그래야만 복음의 능력을 경험할 수 있다.

복음에는 어떤 능력이 있는가? 우리가 다 아는 구원을 주시는 능력이다.

내가 복음을 부끄러워하지 아니하노니

이 복음은 모든 믿는 자에게 구원을 주시는

하나님의 능력이 됨이라 먼저는 유대인에게요

그리고 헬라인에게로다 로마서 1장 16절

그런데 우리는 구원을 주는 능력만 생각하고, 구원받았으니 끝이라고 생각하면서 허덕허덕하며 산다. 복음의 능력이 영혼 구원에만 미친다고 생각하는 것은 큰 착각이다. 복음의 능력은 이 땅에서도 하늘나라를 경험하게 한다. 만일 우리가 복음의 능력을 경험하지 못하고 산다면, 이 세상에서 복음의 능력을 발휘하고 살지 못한다면 내가 정말 하늘나라 시민인지 점검해봐야 한다.

하나님의 나라는 말에 있지 아니하고 오직 능력에 있음이라

고린도전서 4장 20절

단지 말로 하나님나라가 이 땅에 임했음을 믿는다고 고백하는 것은 아무런 의미가 없다. 하나님나라는 말이 아니라 능력에 있기 때문이다. 당신이 정말 천국 시민이 되었다면, 복음의 능력을 경험하고 발휘하여, 능력으로 세상을 정복해야 한다.

하나님이 찾으시는 한 사람

그렇다면 복음의 능력을 경험하고 발휘한다는 것은 어떤 것인가? 많은 사람이 하나님을 믿는다고 하면서 믿지 않는 자들과 똑같이 산다. 두 가지 면에서 그렇다. 우선 삶의 모습이 똑같고 능력 없음이 똑같다. 복음의 능력을 모르고 나 자신을 모르기 때문이다. 내가 누구인지 모르기 때문에, 즉 복음을 믿는 하나님의 자녀가 누구이며 어떻게 살 수 있는지 모르기 때문에 그렇게 못 사는 것이다. 모든 것은 알아야 시작된다.

우리 삶의 모습은 비신자와 달라야 한다. 우리는 정말 중요한 사람이기 때문이다. 하나님의 원리는 한 사람이 중요하다. 노아의 시대 때 의인이 노아 하나였다. 그 노아 한 사람 때문에 우리가 아직 살아 있고, 인류가 유지되었다. 그리고 이스라엘 땅에 기근이 났을 때 이스라엘 백성 전부를 살린 사람이 누구인가? 요셉 한 사람이었다. 성경의 원리는 그만큼 한 사람이 중요하다.

에스겔서를 보면, 하나님의 진노를 살 만한 죄악의 실상이 쭉 나온다. 그리고 하나님이 이렇게 말씀하신다.

이 땅 백성은 포악하고 강탈을 일삼고
가난하고 궁핍한 자를 압제하고
나그네를 부당하게 학대하였으므로

이 땅을 위하여 성을 쌓으며 성 무너진 데를 막아서서

나로 하여금 멸하지 못하게 할 사람을

내가 그 가운데에서 찾다가 찾지 못하였으므로

내가 내 분노를 그들 위에 쏟으며

내 진노의 불로 멸하여 그들 행위대로

그들 머리에 보응하였느니라

에스겔서 22장 29-31절

하나님은 사람들을 다 쓸어버리려고 하셨다. 그런데 우리를 사랑하니까 쓸어버리기 싫으셨다. 그래서 의인 한 사람을 핑계로 삼으려고 하셨다. 의인 한 사람만 있어도 멸망하지 않기로 하셨다. 그러나 의인을 찾지 못하셨고, 결국 분노를 그들 위에 쏟으며 진노의 불로 멸하여버리셨다.

이 세상은 악인이 많아서 멸망당하는 것이 아니다. 의인 한 사람이 없어서 멸망당한다. 우리가 바로 그 의인이 되어야 한다. 이 성 전체가 멸망하는 걸 막아설 수 있는 단 한 사람은 바로 당신이다. 우리나라는 지금 동성애와 불륜이 판친다. 불륜을 부끄러워하지 않는다. 정말 죄악이 가득한 나라가 되었다. 그래서 하나님이 우리나라를 쓸어버리신다면, 그것은 누구의 책임일까? 내 책임이다. 내가 그분이 찾으시는 한 명이 되지 못했기 때문이다.

하나님은 한 사람의 의인을 찾으신다. 당신이 그 한 사람이 되어야 한다. 그것이 하나님을 믿는 사람의 자연스러운 태도다. '저 사람이 그 사람이 되겠지'라는 것은 하나님을 믿는 사람의 태도가 아니다. 하나님을 믿는다면 하나님의 마음을 알기 때문이다. 하나님은 이 나라를 멸망시키고 싶어 하지 않으신다. 구원하고 싶어 하신다. 그 마음을 알면, 내가 그 한 사람이 되어야겠다고 생각할 수밖에 없다.

하나님이 찾으시는 한 사람이 되기로 마음먹지 않으면서 그저 하나님의 은혜만을 구하고 복 받기만 바라는 것은 안 믿는 사람과 똑같은 행동이다. 성황당에 물 떠놓고 비는 것과 다르지 않다. 우리가 할 일은 오직 주님이 찾으시는 온전한 예배자가 되는 것뿐이다. 내가 하나님이 찾으시는 그 한 사람이라는 걸 알게 되면 우리 인생의 모든 관점이 바뀐다.

누구나 자신의 부모에게 불만이 있을 수 있다. 왜냐하면 우리 마음속 대부분의 상처는 가까운 사람에게 받은 것이기 때문이다. 나와 먼 사람에게는 신경 쓰지 않으므로 상처받을 일이 없다. 일반적으로 우리는 부모님에게서 가장 큰 상처를 받는다. 그래서 부모님께 불만을 갖거나 분노를 품는다.

'나는 왜 이런 부모님을 만났을까? 내 친구 부모님들은 예수도 잘 믿고 인격적인데 우리 부모님은 왜 나를 모욕하고 구박하며 내 자존감을 낮아지게 만드실까.'

충분히 그럴 수 있다. 그러나 그 상황 속에서 예수님을 믿는 사람은 나는 누구인지에 집중한다. 부모님께 어떤 상처를 받았든 나 자신을 통해 가정이 축복받을 수 있다는 사실에 집중한다. 축복의 통로가 되는 것이 바로 예수 믿는 사람이다.

회사도 마찬가지다. 자기가 다니는 회사를 좋아하기가 힘든 것 같다. 대부분 불만을 갖고 있다. 그런데 예수 믿는 사람은 '나 하나 때문에 이 회사가 축복받을 수 있다'라는 마음으로 회사를 다니는 사람이다. 단지 월급을 받으려고 다니는 게 아니라 회사의 축복의 통로가 되기 위해 다니는 것이다. 예전에 내가 회사 면접을 볼 때 대표이사와 몇몇 임원이 앞에 앉아 있었다. 그때 나는 예수 믿는 사람은 축복의 통로로 살아가야 함을 알고 있었다. 그래서 면접 때 단도직입적으로 얘기했다.

"떼돈 벌게 해드릴 테니까 저에게 돈 많이 주세요."

결국 그 회사에 입사했다. 나중에 한 분이 나를 너무 놓치기 싫었다고 말씀하셨다. 왜냐하면 그렇게 자신 있게 말한 사람이 내가 처음이었다는 것이다. 그래서인지 3개월 후에 출근하기로 했는데, 회사에서 일도 시작하기 전인 나에게 3개월치 월급을 그냥 주었다.

예수 믿는 사람은 언제 어느 곳에서든 자신이 축복의 통로로서야 함을 알고 그렇게 살아야 한다. 앞서 우리는 에스겔서 말씀을 보았다. 나는 지금의 우리나라가 에스겔 시대 때보다 훨

썬 악하다고 생각한다. 이 나라 백성이 더욱 포악하다. 옆집 사람이 시끄럽게 한다고 죽이는 일이 뉴스에 등장한다. 돈 많은 사람은 대우하고 가난한 사람은 무시한다. 에스겔 당시에는 나그네를 부당하게 학대했다고 하는데, 우리는 그보다 더하다. 나도 외국인 사역을 7년 하면서 그런 일을 자주 봤다. 우리나라는 동남아 노동자를 사람 취급하지 않는다. 일하다가 팔이나 다리가 잘려나가도 미안하다는 말을 하지 않는다.

에스겔 시대보다 더 악한 이 나라를 보실 때 주님은 가슴이 찢어지실 것이다. 그러므로 우리는 내가 이 나라를 멸망으로부터 구하겠다는 마음을 먹어야 한다. 그것이 예수 믿는 사람이다. 그것이 예수 믿지 않는 사람과 구별되는 태도다. 변화의 시작이 바로 내가 되어야 한다.

소그룹 모임을 예로 들어보겠다. '다른 소그룹은 은혜가 충만한데 우리 소그룹은 그렇지 않아서 가기가 싫다.' 이러한 태도는 예수 믿는 사람의 태도가 아니다. 예수 믿는 사람은 자신이 소그룹의 축복의 통로가 되기로 마음을 먹어야 한다. 소그룹 리더가 아니라도 우리 소그룹이 재미없다면 내가 재미있게 만들면 된다. 소그룹 안에 사랑이 없다면, 내가 사랑을 전하면 된다.

예수 믿는 사람은 자신이 누구인지 어디를 가든 평생 기억해야 한다. 그것이 예수 믿는 사람의 첫 번째 태도다.

능력 있는 삶

예수 믿는 사람이 가져야 할 두 번째 태도는 능력 있는 삶이다. 우리는 능력 있는 삶을 살 수 있는데 능력이 없게 산다. 우리가 세상 사람들처럼 삶 속에서 하나님의 능력을 경험하지 못하는 이유는 간단하다. 하나님의 말씀을 믿지 못하기 때문이다. 내가 누구인지 모르기 때문이다. 그래서 다들 그렇게도 부자가 되길 바란다. 성경을 보면 부자가 천국에 들어가는 것은 낙타가 바늘구멍에 들어가는 것보다 더 어렵다고 한다.

그러나 우리는 부자가 되기를 바란다. 부자가 된다는 상상만으로도 미소 띠는 사람이 있을 정도다. 자매들은 이왕이면 돈이 좀 있는 형제와 결혼하고 싶어 한다. 이는 모두 말씀을 믿지 않기 때문이다. 주님은 이렇게 말씀하셨다.

> 예수께서 이르시되 할 수 있거든이 무슨 말이냐
> 믿는 자에게는 능히 하지 못할 일이 없느니라 하시니
>
> 마가복음 9장 23절

정말 이 말씀을 믿는가. 그런데 이 말씀이 삶에서 이루어지지 않는 이유는 믿음이 없기 때문이다. 성경 말씀을 정말 그대로 믿게 되면 놀랍게 변화된다. 나는 믿는 자에게는 능히 하지 못할 일이 없다는 말씀을 정말 믿는다.

믿음이란 놀랍다. 우리가 능력 없는 삶을 사는 이유는 딱 하나다.

이르시되 너희 믿음이 작은 까닭이니라 진실로 너희에게 이르노니
만일 너희에게 믿음이 겨자씨 한 알 만큼만 있어도
이 산을 명하여 여기서 저기로 옮겨지라 하면 옮겨질 것이요
또 너희가 못할 것이 없으리라 마태복음 17장 20절

당신은 산을 옮기면서 살아야 한다. 산을 옮길 수 있다고 생각해보라. 얼마나 멋진 삶인가! 예수 믿는 건 그런 것이다. '아프리카'나 '말라리아'는 머릿속에서 지워버리라. 우리는 지금 내 앞에 놓인 삶의 무게가 크다고 생각한다. 그러다 나이가 먹고 시간이 흐르면 더 큰 고민을 안게 되고, 이전에 가졌던 고민은 아무것도 아니었다고 생각하게 된다. 살수록 큰 고민의 무게를 안게 될 정도로 인생은 힘들다.

그러나 우리는 걱정할 필요가 없다. 겨자씨만한 믿음만 있어도 산을 옮길 수 있기 때문이다. 인생의 어려움을 두려워하지 말라. 믿음이 있으면 두려운 게 없다. 불가능이 없다. 믿는 자에게는 능히 하지 못할 일이 없다는 말씀에 "아멘"으로 응답해야 한다. 당신은 누구인가? 주의 능력으로 하지 못할 일이 없는 사람이다. 내가 누구인지 알 때 우리에게는 불가능이 없다.

나는 내가 가르치는 학생들에게 하나님이 원래 사람을 얼마나 놀랍게 만드셨는지 얘기하면서 이런 말도 했다. "대학을 간다고 네 삶이 나아지는 건 아니다." 나는 대학을 안 나와도 대학 나온 사람보다 충분히 잘 살 수 있다고 생각한다. 학벌은 정말 중요하지 않다. 그럼에도 그 아이들의 성적을 올려준 이유는 우리가 잘할 수 있는데 억지로 못할 필요가 없기 때문이다. 하나님은 우리에게 달란트를 주셨다. 그것을 완벽하게 잘 사용해서 남기는 것이 하나님이 기뻐하시는 일이다.

너는 나를 모른다

많은 성도가 자기의 달란트를 모른다. 알려고도 하지 않는다. 그러면서 마음속으로 자기는 한 달란트 받은 사람이라고 생각한다. 그러나 그것은 사실이 아니다. 달란트를 주는 분은 하나님이시지만, 그 달란트를 발견하는 것은 바로 당신이다. 당신에게 그 책임이 있다. 그러므로 당신은 지금부터 그것을 발견해야 된다.

그걸 발견할 수 있는 방법은 자신을 하나님의 눈으로 보는 것이다. 우리가 자신이 받은 달란트는 한 달란트라고 생각하는 이유는 세상의 기준, 사람들이 보는 기준으로 나를 보기 때문이다. 우리나라의 큰 문제는 중고등학교 아이들이 공부를 못하면 자신을 뒤떨어지는 사람으로 인식하게끔 만든다는 것이다. 나는 이것이 사탄의 계략이 성공한 거라고 본다.

나는 직업을 정할 때 내가 잘하고 좋아하는 것이 겹치는 걸 선택하라고 조언한다. 내가 잘할 수 있고 좋아하는 게 아니라면 하지 말라. 그렇지 않은 직업은 올무가 된다. 만약 잘할 수 있고 좋아하는 일이 무엇인지 떠오르지 않는다면, 지금부터 찾아가면 된다. 그런데 그걸 찾아가려면 하나님의 눈으로 나를 볼 수 있도록 기도해야 한다.

하나님의 눈으로 보면 내 안에 놀라운 것이 보인다. 하나님은 그분의 형상대로 우리를 만드셨다. 우리가 하나님을 닮았다는 것이다. 이처럼 놀라운 사실이 어디 있는가? 하나님을 닮았으므로 우리에게는 달란트가 차고 넘친다. 하나님의 눈으로 보면 그 사실을 발견할 수 있다.

내가 못하는 일, 약한 일은 신경 쓸 필요가 없다. 그런 일로 나를 규정할 수 없다. 다른 사람이 준 상처는 모두 나사렛 예수의 이름으로 지워버리라. 누군가 내게 상처 주는 것은 막을 방법이 없다. 교회에서 어떤 친구가 매주 만날 때마다 상처를 준다고 하자. 당신은 그 입을 막을 방법이 없다. 그러나 할 수 있는 일이 있다. 상처를 받지 않는 것이다. 그 친구가 당신에게 또다시 상처를 주는 말을 하면, 속으로 이렇게 생각하라.

'너는 나를 모른다.'

그 친구가 뭐라고 하든 신경 쓰지 말고 이렇게 선포하라.

"너는 나를 몰라. 하나님은 그분의 형상대로 나를 정말 놀랍고 아름답게 만드셨어. 너는 그걸 몰라."

당신을 낳아준 부모님도 당신을 모른다. 부모님이 당신을 무시하는 말을 하면 어떻게 하면 되는가?

'우리 엄마 아빠는 나를 몰라.'

그렇다면 누가 당신을 알아주는가? 당신을 만드신 하나님이 알아주신다. 그리고 응원해주신다.

사람들이 자꾸 당신의 미래를 흐리게 하고 희망을 없앤다 해도 신경 쓸 필요가 없다. 앞으로 상처 주는 사람이 있으면 꼭 기억하라. '너는 나를 모른다.' 당신이 정말 존귀한 사람임을 아무도 몰라줘도 주님이 아시는 것만으로 충분하지 않은가?

우리는 하나님의 눈으로 나를 바라봐야 하고, 하나님이 찾으시는 그 한 사람이 되어야 한다. 우리는 믿지 않는 사람과 완전히 다른 삶을 살 수 있다. 복음의 능력을 나타내면서 하나님께 영광을 돌리면서 살 수 있다. 그것이 우리에게 기쁨과 만족이 될 뿐만 아니라 주님께 기쁨과 만족이 된다.

회개의 능력

예수 그리스도는 나의 죄 때문에 돌아가셨다. 그 피의 능력으로 모든 죄에서 깨끗함을 받으려면 기도로 나아가야 한다. 가장 먼저 우리는 나 자신의 죄를 회개해야 한다. 물론 하나님이 완벽하게 다 이루셨지만, 우리가 입술로 죄를 고백해야 한다. 우리는 의식하는 죄를 지었을 수도 있고, 생각의 죄를 지었을 수도 있으며, 행동으로 죄를 지었을 수도 있다. 하나님은 이 모든 죄를 다 아신다.

마음속의 모든 죄, 아무도 모르고 골방에서 지은 오직 당신만 아는 죄까지도 주님은 다 아신다. 당신 마음속에 있는 것, 주님이 기뻐하지 않으시는 모든 것을 회개하라. 나는 많은 대학 청년부를 다니면서 혼전순결을 지키지 않은 형제자매를 굉장히 많이 봤다. 그런데 요즘은 죄책감을 느끼는 사람이 많지 않다. 성경에서 음행은 몸 밖이 아니라 몸 안에 짓는 것이기에 더 심각한 죄라고 말씀한다. 혼전 관계는 음행이다. 결혼 관계 외에 갖는 모든 성관계는 음행이다. 당신이 혼전순결을 지키지 못했다면 회개해야 한다.

회개가 중요한 이유는 이것을 회개해서 깨끗함 받지 않으면 나중에 그것이 마음의 짐이 되기 때문이다. 주님께 나아가는 데 방해가 되고 사탄이 송사를 한다.

예를 들어 주님께 뭔가 헌신하려고 하는데 사탄이 다가와서 이렇게 말할 수도 있다. "야! 너 혼전순결도 못 지켰으면서 네가 뭘 하겠어?" 그러면 사탄의 말이 맞는 것 같다. 그렇게 올무에 걸려 넘어지게 된다. 따라서 우리는 마음속 모든 죄를 고백해야 한다. 주님은 이미 완벽하게 이루셨다. 당신이 고백하면 마음의 모든 짐을 벗어버릴 수 있다.

주님이 주신 자유를 우리가 온전히 누리지 못하는 이유는 회개하지 않기 때문이다. 우리는 회개하고 자유를 누려야 한다. 그런데 우리가 회개를 잘 안 하는 이유는 자꾸 같은 죄에 빠지기 때문이다. 회개를 했는데, 그 죄를 또 짓는다. 처음 몇 번은 계속 회개하는데, 나중에는 회개하기도 하나님께 죄송스럽다. 내가 낯짝이 없는 것 같다. 양심이 없는 것 같다. 그러면 점점 회개기도를 안 하게 된다.

그러나 탕자의 비유에서 말해주듯 정말 중요한 것은 회개하면서 주님께 돌아가는 일이다. 내 삶의 방향을 틀어야 한다. 회개하고 주님께 돌아가야 하는데, 많은 사람이 회개만 하고 주님께는 돌아가지 않는다. 삶의 방향을 틀지 않는다. 회개하면서 눈물을 펑펑 쏟으니까 카타르시스를 느끼고는 됐다고 생각한다.

우리가 똑같은 죄에 또다시 빠지는 이유는 주님께 돌아가지 않았기 때문이다. 회개하고 그 영역에서 완전히 방향을 틀어서 주님께 돌아가야만 똑같은 죄에 빠지지 않는다. 그래서 죄를 회개할 뿐만 아니라 결단해야 된다.

"내 모든 삶의 방향을 틀어서 예수 그리스도의 길을 따라가겠습니다."

그러면 똑같은 죄에 빠지지 않는다. 생각의 죄, 마음의 죄를 회개하라. 예를 들어 하나님의 눈으로 나를 바라보지 않고 세상의 시선으로 나를 바라보는 것 역시 죄다. 그러한 당신의 모습에 주님의 마음이 얼마나 아팠겠는가? 귀한 목숨을 버리면서까지 자녀 삼아주셨는데, 외모와 돈, 학벌 때문에 주눅 들어 있는 당신의 모습을 보는 주님의 마음이 얼마나 찢어지시겠는가? 우리는 하나님의 상속자다. 따라서 어떤 사람 앞에서도 당당해야 한다. 하나님의 눈이 아닌 세상의 잣대로 당신 자신을 바라본 일을 회개하라.

친구와 화해하듯 고린도후서 말씀처럼 하나님과 "화목하라"고 간청하시는 하나님의 음성에 응답해서 회개하고 주님과 화목하며, 주님과의 관계를 방해하는 것들을 모두 없애는 기도를 하길 바란다. 십자가에서 뚝뚝 떨어지는 그 피 아래 온몸이 젖어가며 기도하길 원한다. 큰 소리로 기도해도 좋고 조용히 혼자 기도해도 좋으니, 간절하게 기도하라. 성경을 보면, 옷을 찢지 말고 마음을 찢으라고 했다. 당신 마음을 찢고 전심으로 주님께 나아가라.

"나를 위해 돌아가실 수밖에 없었던 주님, 제가 주님을 십자가에 못 박았습니다. 용서해주십시오."

〈예수 피를 힘입어〉라는 찬양을 불러보라. 우리가 주의 보좌로 나아갈 때 어떻게 나아가야 하는가. 당신과 나는 여전히 부족하다. 자격이 없다. 힐송 찬양 중에 〈Christ is enough〉라는 곡이 있다. 주님으로 충분하다는 말인데, 나는 이 말이 좀 미흡하다고 생각한다. 주님은 충분한 걸 넘어 내게 너무 과분하신 분이다. 나는 주님의 사랑을 감당하기도 버겁다. 그 사랑이 너무 크다. 우리는 그분의 사랑을 힘입어서 주의 보좌로 나아갈 수 있다. 우리에게는 두려움이 없다.

6
chapter

십자가의
의미

한 집회에서 이 질문을 던져보았다.

"십자가의 의미는 뭘까요? 십자가가 무슨 뜻이에요? 십자가가 뭐라고 생각하세요?"

한 형제는 '우리의 죄가 십자가'라고 했다. 한 자매는 '자기를 부인하고 예수님을 따라가는 것'이라고 했다. 다 맞는 말이다. 어느 자매는 '대속의 의미, 우리의 죄를 사해주신 것'이라고 했다. 또 다른 형제는 '십자가는 하나님의 이미지를 가진, 그분을 떠올리기 위한 하나님의 매개체'라고 말했다. 다 좋은 대답이다. 당신도 마음속으로 생각해보라. '십자가'란 무엇일까?

십자가는 기독교의 핵심이다. 그러나 사람들이 모르고 오해하고 상관없이 살아가고 있는 것이기도 하다. 십자가의 진정한 의미를 깨닫게 되고 십자가의 보혈의 능력으로 하나님이 원하시는 모습으로 새롭게 되길 바라며 주님이 말씀해주신 십자가의 의미를 세 가지만 나누려고 한다.

십자가, 주님이 다 이루신 곳

십자가의 첫 번째 의미는 "다 이루었다"이다.

> 예수께서 신 포도주를 받으신 후에 이르시되
> 다 이루었다 하시고 머리를 숙이니 영혼이 떠나가시니라
> 요한복음 19장 30절

헬라어로는 "테텔레스타이"(tetelestai)라고 한다. 무슨 뜻일까? 어느 형제에게 질문했더니 "아버지의 뜻을 다 이루었다"는 뜻이라고 대답했다. 다른 자매는 "하나님의 계획하심을 다 이루었다, 하나님의 계획을 예수님께서 다 이루셨다"라는 뜻이라고 대답했다.

다 이루셨다는 것은 현실적인 의미와 영적인 의미, 두 가지로 나누어서 설명할 수 있다.

다 이루셨다는 것의 현실적 의미

먼저 현실적인 의미에서 우리 삶의 모든 문제를 주님이 다 해결하셨다는 것이다. 세상 사람들이 제일 걱정하는 것 두 가지를 꼽으라면 '돈과 건강'이다. TV를 켜면 온통 돈 아니면 건강 얘기뿐이다. 그만큼 요즘 사람들이 집중하는 게 돈과 건강이다.

그런데 2천여 년 전 십자가에서 예수님이 이 문제를 모두 해결해주셨다. 앞에서 십자가에 대해 언급한 사람들의 대답은 다 정답이지만, 그런 영적인 의미만 있는 게 아니다. 기독교는 죽고 나서 천국 가기 위한 종교가 아니다. 물론 죽고 나서 천국을 간다. 그러나 이 땅에서도 우리는 예수 믿지 않은 사람과 다르게 살 수 있다.

우리 앞에 놓인 현실적인 문제는 여러 가지가 있지만, 여기서는 건강과 돈에 대해서만 이야기하겠다. 우선 질병이다. 이사야서 53장 5절을 보자.

그가 채찍에 맞으므로 우리는 나음을 받았도다

여기서 '나음을 받았도다'라는 말은 말 그대로 '병이 나았다'는 뜻이다. 어떤 수사학적 의미가 있는 게 아니다. 이 원어 자체로 질병이 낫는다는 뜻이다. 예수님이 채찍에 맞으심으로 우리 죄만 사해진 것이 아니라 우리의 질병이 다 나았다는 것이다.

그러니까 이미 2천 년 전 십자가에서 우리의 완벽한 치유가 이루어졌다는 것이다.

그러면 의문점이 남는다. 나도 병이 계속 악화되고 있고, 우리 주변에도 아픈 사람들이 많이 있다. 2천 년 전에 이미 십자가에서 완벽한 치유가 이루어졌음에도 내 병이 낫지 않고 오히려 더 심해지는 이유는 무엇인가?

한 사람이 있다. 그도 나와 같은 암환자다. 그는 약속의 말씀을 믿지 않고 질병에 매여 있다. 반면에 나는 약속의 말씀을 붙들며 치유를 기다린다. 그와 나의 삶에는 큰 차이가 있다. 2천 년 전에 십자가에서 예수님은 채찍에 맞으심으로써 우리가 모든 질병에서 해방될 것을 선포하셨다. 그래서 제자들에게 병 고칠 권세를 줄 수 있으셨다. 이미 그것이 이루어졌다. 그래서 병에 걸리지 않을 뿐만 아니라 다른 사람의 질병도 낫게 할 권세가 이미 우리에게 주어졌다.

그렇다면 왜 나의 병은 낫지 않는가? 눈앞에 당장 하나님이 완벽하게 이루신 것이 펼쳐지지 않을지라도 진리가 흔들리는 것은 아니다. 쉽게 설명해보겠다. 당신은 지금 몹시 아파서 기도한다. 그런데 병이 낫지 않자 낙담한다.

'어, 내 믿음이 부족한가. 왜 기도가 응답되지 않지?'

그러나 이는 틀린 생각이다. 현상에 집중하지 말라. 약속의 말씀을 붙들고 기다리는 자에게 그 진리가 임한다.

한 사례를 들어보겠다. 목에 아기 머리만한 혈괴가 있는 자매가 있었다. 혈괴 때문에 피가 엉겨 통하지 않았기 때문에 죽을 운명이었다. 너무 커서 수술도 불가능한 상황이었다. 죽음을 앞둔 자매는 절박했다. 그러다가 미국 콜로라도 스프링스에서 매년 7월에 열리는 힐링 콘퍼런스에 참석하게 되었다. 그곳에서 '다 이루었다'의 의미를 듣게 되었다. 주님이 십자가 위에서 다 이루셨음을 알게 되었다. 예수님이 모든 질병으로부터 우리를 자유케 하셨고 그분을 믿는 사람은 이제 아플 필요가 없이 건강할 수밖에 없다는 메시지였다.

'아, 그렇구나. 2천 년 전에 이미 나는 나았구나.'

자매는 이 사실을 믿고 "오늘 나는 나았다"라고 선포했다. 그래서 매우 기쁘게 돌아갔다.

자매는 다음 해에도 콘퍼런스에 참석해서 병이 나은 지 1주년 된 것을 기념하러 왔다고 간증했다. 엄청난 크기의 혈괴는 자매의 목에 그대로 붙어 있었다. 사람들은 이상하게 생각했다. '아니, 혈괴가 뻔히 그대로 있는데 병이 나았다니?' 그래서 사람들은 이렇게 생각했다. '아, 그러면 저 사람이 주님께 치유의 약속을 받았는데, 약간 시간이 걸리나보다.'

그런데 다음 해에 또 자매가 혈괴를 그대로 안은 채로 콘퍼런스에 와서 간증을 했다. 그러자 사람들은 "저 사람 약간 정신이 이상한 것이 아닌가?"라며 수군대기 시작했다.

자매는 다음 해에도 콘퍼런스를 찾았다. 사람들은 디렉터에게 "저 여자가 정신이 나갔다"고 말했다. 혈괴가 뻔히 그대로 있는데도 치유를 받았다고 간증을 하려 하자, 사람들이 간증을 막아달라고 한 것이다. 결국 디렉터는 자매에게 간증을 자제해 달라고 얘기했다. 그날 밤, 자매는 자신의 호텔 방으로 돌아와 기도했다.

"하나님, 저는 3년 전에 주님의 진리를 깨달았습니다. 2천 년 전에 이미 주님이 제 병을 낫게 하셨음을 믿음으로 알게 되면서 제 병이 싹 다 나았습니다. 저는 주님의 치유를 믿습니다. 그러나 사람들은 진리가 아닌 제 혈괴를 보기 때문에 제 병이 나았음을 믿지 못합니다. 그러니 이걸 없애주십시오."

다음 날, 혈괴는 없어졌고 자매는 사람들 앞에서 간증을 했다.

내 안의 암 덩어리 역시 없어지지 않고 오히려 엄청 커졌다. 그러나 그 크기를 바라보기 시작하면 당신은 믿음 있는 사람이 아니다. 십자가에서 주님이 채찍에 맞으심으로 우리는 나음을 받았다. 그 약속의 말씀을 믿고 보이지 않는 것을 믿으며, 그 보이지 않는 영적인 세계가 현실의 세계가 되게 하는 것이 예수 믿는 사람이다. 그래서 예수 그리스도를 믿는 사람에게 있어서 십자가에서 다 이루었다는 것은 삶의 모든 구체적인 문제까지 다 해결받았다는 것이다. 그러니 당신의 몸이 지금 약하다면, 당신의 병이 이미 2천 년 전에 나았다는 것을 선포하라. 그리고 그것을 믿고 기다리라.

돈에 대해 이야기해보자. 주님은 2천 년 전에 모든 재정 문제로부터 우리를 해방시키셨다. "다 이루었다." 우리의 모든 부족한 것을 그분이 다 이루셨다. 그러니 이제 우리는 돈 걱정을 할 필요가 없다. 그런데 우리는 실제로 돈이 부족하다고 느낀다.

그 이유가 무엇인가? 하나님께 100퍼센트 맡기지 않기 때문이다. 말씀대로 살지 못하기 때문이다. 세상에 한 발을 걸친 채 내가 어떻게 해보려고 하니까 돈이 없는 것이다. 내가 장담하는데, 하나님은 100을 맡기는 자에게 100을 책임져주신다. 그러나 우리는 87정도만 맡긴다. 그래서 인생이 힘들다. 진심으로 권면한다. 이 시간부터 주님께 100을 맡기기로 결단하라. 그래야 놀라운 경험을 한다. 주님께 100을 맡기면 남의 간증을 들으러 다닐 필요가 없이 내 삶이 기적이 된다.

너희를 위하여 보물을 땅에 쌓아두지 말라

거기는 좀과 동록이 해하며 도둑이 구멍을 뚫고 도둑질하느니라

오직 너희를 위하여 보물을 하늘에 쌓아두라

거기는 좀이나 동록이 해하지 못하며

도둑이 구멍을 뚫지도 못하고 도둑질도 못하느니라

마태복음 6장 19,20절

주님은 보물을 땅에 쌓아두지 말라고 했지만, 솔직히 우리는 땅에 쌓아두기를 바란다. 그러나 하나님은 하늘에 쌓아두라고 명령하신다.

당신은 보물을 하늘에 쌓고 있는가? 하나님은 "보물을 하늘에 쌓아두는 게 좋겠구나"라고 말씀하지 않으시고, "쌓아두라"고 분명하게 명령하셨다. 우리는 그 명령에 순종해야 한다.

어떤 사람은 이렇게 말한다. "아휴, 저는 하늘의 영광은 원하지 않아요. 그냥 고난도 없이 영광도 없이 살고 싶어요." 나는 그런 사람을 많이 봤다. 그러나 우리는 그럴 수 없다. 하나님이 이미 명령하셨기 때문에 하늘에 보화를 쌓아두어야 한다. 노후 대비만 하는 사람은 영원히 후회한다. 하늘에 보화를 쌓으라.

네 보물 있는 그곳에는 네 마음도 있느니라 마태복음 6장 21절

한 사람이 두 주인을 섬기지 못할 것이니 혹 이를 미워하고
저를 사랑하거나 혹 이를 중히 여기고 저를 경히 여김이라
너희가 하나님과 재물을 겸하여 섬기지 못하느니라

마태복음 6장 24절

이 시간 당신의 마음을 잘 들여다보라. 성경은 진리다. 하나님과 재물을 겸하여 섬기지 못한다. 우리는 재물 또는 하나님,

둘 중 하나만 택할 수 있다. 그러나 많은 성도가 재물도 섬기면서 하나님을 섬기려고 한다. 재물을 사랑하면서도 자신이 하나님만 사랑한다고 생각한다. 두 가지 모두 섬기는 것이 공존할 수 있다고 착각한다. 그러나 성경을 아전인수격으로 해석하면 안 된다. 말씀 그대로 읽어야 한다. 두 주인을 섬기지 못한다고 했다. 당신 마음에 돈을 사랑하는 마음이 있으면 이미 하나님이 없는 것이다.

결혼할 때 어느 정도는 재력을 갖춘 남자를 만나야 한다고 생각하는 자매가 많다. 나는 그런 자매는 예수 믿는 사람이 아니라고 말한다. 왜인가? 성경에 나와 있기 때문이다. 내가 이렇게 말하면 다들 이렇게 변명한다.

"전도사님, 제가 잘살겠다는 건 아니고 최소한의 어떤….."

분명히 말하겠다. 남자를 볼 때 재력을 생각한다는 것 자체가 이미 두 주인을 섬기는 것과 같다. 인정할 건 인정하라. 깨끗하게 그 사실을 인정하고, 한 주인을 내려놓으라. 하나님을 택하라.

어떤 남자를 좋아하게 됐는데, 그 남자에게 고백을 받았다. 그래서 "God is good"이라고 말하면서 교제를 시작했다. 그런데 석 달쯤 지나 남자가 이렇게 고백한다. "사실 우리 집에 빚이 30억이야." 그때도 "God is good"이라고 할 수 있겠는가? 고백할 수 없다면 두 주인을 섬기는 것이다. 빚이야 갚으면 된다. 그런 것 때문에 고민할 이유는 전혀 없다. 이 세상의 모든 돈은 하나님의 것이다.

오늘 있다가 내일 아궁이에 던져지는 들풀도
하나님이 이렇게 입히시거든 하물며 너희일까보냐
믿음이 작은 자들아 마태복음 6장 30절

우리에게 뭐라고 하셨는가? "믿음이 작은 자들아." 당신이 구해야 할 것은 돈이 아니라 믿음이다. 믿음!

그러므로 염려하여 이르기를
무엇을 먹을까 무엇을 마실까 무엇을 입을까 하지 말라
이는 다 이방인들이 구하는 것이라
너희 하늘 아버지께서 이 모든 것이
너희에게 있어야 할 줄을 아시느니라
그런즉 너희는 먼저 그의 나라와 그의 의를 구하라
그리하면 이 모든 것을 너희에게 더하시리라

마태복음 6장 31-33절

예수님은 우리의 재정 문제를 다 해결해주셨다. 나는 평생 돈 걱정을 하지 않는다. 암에 걸린 상태로는 돈을 벌 수 없지만, 그래도 나는 걱정한 적이 단 한 번도 없다. 건강할 때 선교사로 헌신하면서도 그랬다. 선교사로 헌신할 때 선배들은 후원자를 미리 정해놓고 선교사로 나가라고 말했다. 안 그러면 굉장히 어려워질 거라고.

그러나 나는 단 한 명의 후원자도 구하지 않았다. 앞으로도 그럴 것이다. 나는 우리 교회 창립멤버로서 30년을 섬겼다. 그러나 나는 우리 교회에서 후원받지 않을 것이다. 배고프면 풀 뜯어먹으며 살지언정 누구의 후원도 받지 않을 것이다. 왜냐하면 주님이 다 이루셨기 때문이다. 나의 재정적인 필요를 주님이 다 아신다. 우리는 돈을 걱정할 필요가 전혀 없다. 돈이 걱정된다면, 내가 구원받은 것이 맞는지 고민하고 기도하면서 밤새 체크해봐야 한다.

예수께서 길에 나가실새
한 사람이 달려와서 꿇어앉아 묻자오되
선한 선생님이여 내가 무엇을 하여야 영생을 얻으리이까…
예수께서 그를 보시고 사랑하사 이르시되
네게 아직도 한 가지 부족한 것이 있으니
가서 네게 있는 것을 다 팔아 가난한 자들에게 주라
그리하면 하늘에서 보화가 네게 있으리라
그리고 와서 나를 따르라 하시니 마가복음 10장 17,21절한 부자 청년이 찾아와 영생을 얻는 법을 물었을 때, 예수님은 그냥 대답하지 않으셨다. 그를 보시고 사랑하사 말씀하셨다. 나 역시 당신을 사랑하는 마음으로 21절 말씀을 권하고 싶다. 그런데 이 구절이 진짜 자신의 전 재산의 처분을 의미하는 것은 아니라고 말씀하는 분들이 있다. 그가 100퍼센트 하나님을 섬기지 않고 돈을 우상으로 섬겼기 때문에, 그의 마음속 우상을 제거해야 한다는 뜻이라고 해석한다.

예수님은 분명히 다 팔라고 하셨다. 그런데 사실 그런 뜻이 아닐 거라는 근거는 어디에서 나온 것인가? 성경은 다 진리인데 말이다.

나는 목사님들이 왜 그렇게 설교하시는지 안다. 자신도 다 팔 자신이 없기 때문이다. 그리고 정말 다 팔라고 설교하면 교인이 다 떠나버릴 것 같기 때문이다. 그러나 성경은 있는 그대로 해석해야 한다. '아, 이거는 사실 이런 뜻일 거야.' 이렇게 해석해서는 안 된다. 이전에도 앞으로도 성경은 영원히 진리다. 일점일획도 빠뜨리지 않고 주님을 따르려면 자신이 가진 모든 걸 팔아야 한다. 다 팔면 어떻게 되는가?

하늘에서 보화가 네게 있으리라 마가복음 10장 21절

분명히 예수님은 다 판 다음에 그분을 따르라고 하셨다. 재산을 모두 갖고서 주님을 따르겠다고 결심하지 말라. 전 재산을 팔아야 한다. 그렇다고 남김없이 오늘 하루에 다 팔라는 말은 아니다. 우선 내 것이 아님을 인정하라는 뜻이다.

"그러면 전도사님, 저는 뭐 먹고 살아요?"

하늘의 보화가 쏟아질 거라고 하셨다. 예수님을 믿지 않는 사람보다 훨씬 잘살게 된다. 예수님은 이렇게 말씀하셨다.

내가 온 것은 양으로 생명을 얻게 하고
더 풍성히 얻게 하려는 것이라 요한복음 10장 10절

그런데 왜 우리는 풍성한 삶을 누리지 못하고 있는가? 말씀대로 살지 않기 때문이다. 다 판다고 해서 굶어죽지 않는다. 다 팔면 더 놀라운 걸 받을 수 있는데, 안 팔고 꼭 쥐고 있기 때문에 하늘 보화를 평생 경험하지 못하는 것이다.

내가 아는 필리핀 선교사님은 지금 여든이 넘으셨는데, 아이에게 장애가 있다. 옛날에 우리나라는 장애인을 키우기가 굉장히 어려웠다. 엘리트였던 그분은 미국에서 화장실 청소를 하며 아이를 키우셨다. 그분은 몇 년 동안 열심히 돈을 모으셨다.

그 당시 미국에는 한인교회가 없었다. 그래서 다들 미국교회를 나갔는데, 미국인들이 김치 냄새가 난다며 한인을 차별하는 일이 벌어졌다. 한인은 계속해서 늘어났지만, 아무도 한인교회를 지을 생각을 못했다. 돈이 들기 때문이다. 그런데 그 선교사님이 전 재산을 파셨다. 심지어 자동차까지 파셨다. 미국은 자동차 없이는 살기 힘든 나라다. 가게도 쉽게 가지 못하고, 마치 몸에서 다리가 없는 것과 같을 정도로 불편하다. 그럼에도 선교사님은 몇 년 동안 고생해서 번 돈을 교회를 짓기 위해서 싹 다 정리하셨다.

그분이 맨 처음에 약정한 건축헌금 액수를 보고 담임목사님이 놀라셨다. 그분 형편을 알기 때문이었다. 전 재산이 넘는 액수에 놀란 목사님이 "이러지 말라"고 말리셨다(하늘의 보화가 열릴 텐데, 왜 말리는가? 오히려 칭찬해야 마땅하지 않는가). 그럼에도 그분은 오랜 세월 번 돈을 다 하나님께 드리셨다. 이에 사람들은 감동했고, 너도나도 헌금을 해서 최초로 한인교회가 지어졌다. 그것을 본 다른 한인들이 나도 교회를 지을 수 있겠다 생각하며 한인교회가 우후죽순으로 생겨나기 시작했다.

후에 그분이 어떻게 됐는지 아는가? 하나님께 드렸던 그 전 재산을 다시 한 번에 다 벌었다. 한 번의 사업 계약으로 말이다. 하나님이 그대로 주셨다. 다 팔아야만 하늘 보화를 경험할 수 있다. 돈은 내 것이 아니다. 돈에 대한 내 경험담을 늘어놓자면 밤을 샐 수 있다. 성경은 말 그대로 진리다. 하나님이 당신의 돈과 건강 문제를 모두 해결하셨음을 잊지 말라.

다 이루셨다는 것의 영적 의미

이제 다 이루었다는 것의 영적인 의미에 대해 알아보겠다. 다 이루었다는 부분 중에서 제일 강조하고 싶은 건 우리의 죄 문제를 완벽하게 다 해결하셨다는 것이다. 그러면 당신은 이렇게 반응할지 모르겠다. '그걸 누가 몰라?' 그런데 문제는 무엇인가. 우리 죄의 문제를 완벽하게 다 이루셨는데, 이 땅에서 죄책감 없이 사는 사람이 어디 있는가? 자신이 완벽하게 의롭다고 말할 수 있는 사람이 어디 있는가?

십자가에서 다 이루신 예수 그리스도 보혈의 능력으로 우리는 완벽하게 깨끗하고, 완벽하게 의롭고, 완벽하게 거룩하다. 그런데 사탄이 우리에게 자꾸 거짓말을 한다. 우리는 사탄의 속임수에 넘어간다. 당신도 혹시 그런 경험이 있지 않은가? 어떤 죄를 지어서 회개했는데, 자꾸 똑같은 죄에 빠지지 않는가? 왜 많은 사람들이 똑같은 죄에 자꾸 빠지는가. 죄책감이 있기 때문이다. 죄책감이 있으면 그 죄, 그 올무에 또 빠진다. 그래서 다 이루었다는 것의 의미를 아는 것이 중요하다.

우리는 이제 완벽하게 의롭다. 우리가 의로워서가 아니라 십자가 보혈의 능력 덕분이다. 우리는 완벽하게 의롭기 때문에 이제 우리에게는 죄책감이 있을 수 없다. 나는 당신이 이 사실을 평생 기억하기를 소망한다. 사탄이 당신의 과거를 붙들고 뭐라고 늘어지든 당신이 예수님을 영접하는 순간 주님이 선포하신다. "너는 완벽하게 깨끗하다. 내가 다 이루었기 때문에!"

당신이 자신을 볼 때 자신이 진짜 의롭고 거룩하고 깨끗한 것을 느껴야 죄에 빠지지 않을 수 있다.

'거룩'에 대해서 많은 사람이 이렇게 생각하는 듯하다. '믿음은 필수, 거룩은 옵션!' 나는 이것이 기독교의 잘못된 가르침이라고 생각한다. 신앙 생활을 칭의, 성화, 영화의 3단계로 정의해 온 잘못이라고 생각한다. 지금까지 많은 사람이 예수를 믿게 되면 어떤 일정한 시간이 흘러 단계를 거쳐야 성화가 되고 그 후에 영화가 오는 것처럼 오해하도록 가르쳤다.

나는 그렇게 생각하지 않는다. 하나님은 거룩하신 분이다. 우리는 두렵고 떨리는 마음으로 그 거룩에 이르러야 한다. 여호와를 경외하는 것이 지식의 근본이라고 잠언 1장 7절에서 말한다. 그런데 요즘 기독교 현실을 볼 때, 여호와를 경외하는 모습을 찾아보기 힘들다.

경외란 존경할 '경'(敬), 두려워할 '외'(畏) 자를 쓴다. 그런데 많은 기독교인이 하나님을 존경하고 두려워하지 않는다. 사랑의 하나님, 축복의 하나님만 강조하다보니 하나님을 두려워하지 않는다. 그러나 여호와가 얼마나 거룩한 분인지 안다면, 그분을 두려워하지 않을 수 없다. 그분에 대한 두렵고 떨리는 마음 없이 진정 그분을 사랑할 수 없다. 그러면 당신은 지금 혼란스러울 것이다. "어? 아까는 온전한 사랑이 두려움을 내쫓는다고 하셨잖아요? 그런데 하나님을 두려워하라니요?"

설명해보겠다. 내가 목사님을 뵀는데, "목사님" 하고 부르지 않고 "야"라고 불렀다고 해보자. 한두 번이 아니라 목사님을 만날 때마다 "야! 밥은 먹었어?" 그러면 목사님이 내가 목사님을 사랑한다고 느끼겠는가? 아니다. 목사님은 나보다 나이도 많고, 영적 지도자다. 따라서 존댓말을 쓰는 것이 내가 마땅히 보여야 할 사랑의 태도다.

경외란 그런 것이다. 이 세상을 지으신 전지전능하신 하나님을 그 지위에 맞게 그리고 그 성품에 맞게 두렵고 떨리는 마음으로 대하는 것이다. 이 경외함 없이는 주님을 사랑할 수가 없다.

예를 들어 우리에게 부모님을 공경하고 존경하는 마음이 전혀 없는데 부모님을 사랑한다고 하는 것은 있을 수 없는 일이다. 부모님 말을 무시하고 귓등으로도 듣지 않으면서 부모님을 사랑한다고 말하는 것은 모순이다. 부모님을 동갑내기 친구처럼 막 대하는 건 부모님을 진심으로 사랑하고 존경하지 않는 것이다. 그와 같이 우리는 피조물로서 창조주 하나님을 두렵고 떨리는 마음으로 대할 수 있어야 한다. 그것이 거룩을 이루는 길이다.

나는 나를 가까이하는 자 중에서 내 거룩함을 나타내겠고
온 백성 앞에서 내 영광을 나타내리라 레위기 10장 3절

중요한 말씀이다. 하나님은 그분을 가까이하는 자 중에서 그분의 거룩함을 나타내겠다고 하셨다. 이것이 바로 친밀함이다. 다음 말씀을 보면, 주님의 말씀에 모세가 불순종하고 이에 하나님이 화를 내신다.

여호와께서 모세와 아론에게 이르시되
너희가 나를 믿지 아니하고 이스라엘 자손의 목전에서
내 거룩함을 나타내지 아니한 고로 너희는 이 회중을
내가 그들에게 준 땅으로 인도하여 들이지 못하리라 하시니라

민수기 20장 12절

레위기에서 하나님은 그분을 가까이하는 자에게 거룩함을 나타낸다고 하셨다. 민수기 말씀에서는 우리가 그 하나님의 거룩함을 다른 이에게 나타내야 한다고 말하고 있다. 그러나 모세는 그분의 영광을 나타내지 않았다. 그래서 결국 벌을 받게 된다. 우리는 하나님의 영광을 다른 이들에게 나타내야 한다. 거룩하신 하나님을 경외해야 한다.

경외함에 대한 구절을 몇 가지 더 보자.

스스로 지혜롭게 여기지 말지어다
여호와를 경외하며 악을 떠날지어다 잠언 3장 7절

너희는 너희의 하나님 여호와를 따르며 그를 경외하며
그의 명령을 지키며 그의 목소리를 청종하며
그를 섬기며 그를 의지하며 신명기 13장 4절

이런 구절을 읽으면, 누군가는 이런 생각을 할지 모르겠다.
'나는 내가 지혜롭다고 생각한 적 없는데?'

그러나 우리의 삶을 들여다보면, 많은 사람이 자신이 지혜롭다고 생각하며 산다. 그래서 주님께 물어보지 않는다. 그러나 우리는 우리 자신을 지혜롭다고 생각해서는 안 된다. 오직 여호와를 경외해야 한다. 우리가 여호와를 경외해야 하는 이유는 다음 말씀에 잘 나타나 있다.

여호와를 경외하는 것이 지혜의 근본이요
거룩하신 자를 아는 것이 명철이니라 잠언 9장 10절

그리스도를 경외함으로 피차 복종하라 에베소서 5장 21절

각 나라 중 하나님을 경외하며 의를 행하는 사람은
다 받으시는 줄 깨달았도다 사도행전 10장 35절

유대인이건 헬라인이건 이방인이건 선택된 민족이건 상관없이

하나님은 그분을 경외하며 의를 행하는 사람을 다 받으신다. 우리는 하나님을 경외해야 한다. 다음 말씀은 매우 중요하다.

> 이방들이 분노하매 주의 진노가 내려 죽은 자를 심판하시며
> 종 선지자들과 성도들과 또 작은 자든지 큰 자든지
> 주의 이름을 경외하는 자들에게 상 주시며
> 또 땅을 망하게 하는 자들을 멸망시키실 때로소이다
> 요한계시록 11장 18절

무슨 말인가. 주의 이름을 경외하는 자들이 상을 받는다는 것이다. 그래서 하나님은 성경 여러 곳에서 그분을 경외하라고 말씀하신다. 우리도 그 거룩함에 이르러야 한다.

> 그러므로 하늘에 계신 너희 아버지의 온전하심과 같이
> 너희도 온전하라 마태복음 5장 48절

이 구절을 보면 많은 사람이 이렇게 생각한다.
'그런데 내가 어떻게 하나님처럼 온전해질 수 있겠어?'
말씀이 현실과 너무 먼 것처럼 느껴진다. 그러나 당신의 기준을 당신이 정하지 말라. 당신의 모든 신앙의 기준, 삶의 기준은 성경에 맞춰야 된다. 성경은 우리가 '온전할 수 있으면' 온전하

라고 하지 않고, 그냥 명령한다. "온전하라!" 우리는 온전에 이르러야 한다. 그런데 우리는 우리 기준을 매우 낮게 잡는다. 그래서 조금만 신앙이 좋아 보여도 대단하다고 여긴다.

우리가 복음의 능력으로 세상을 바꾸지 못하는 가장 큰 이유는 우리가 기준을 만들되, 아주 낮은 기준을 만들어서다. 오늘부터는 성경이 말하는 기준에 맞추라. 주님은 우리에게 하나님 아버지같이 온전하라고 말씀하셨다. 불가능한 일을 명령하진 않으셨을 것이다.

> 내가 내 몸을 쳐 복종하게 함은
> 내가 남에게 전파한 후에
> 자신이 도리어 버림을 당할까 두려워함이로다
> 고린도전서 9장 27절

신약성경의 3분의 1을 쓴 사도 바울도 두렵고 떨림으로 매일 거룩을 이루기 위해 몸을 쳐 복종시켰다. 하물며 우리도 당연히 날마다 자신을 복종시키면서 거룩을 이루어 나가야 할 것이다.

> 사랑하는 자들아 너희는 너희의 지극히 거룩한 믿음 위에
> 자신을 세우며 성령으로 기도하며 유다서 1장 20절

우리의 기준을 성경에 맞추자. '지극히 거룩한' 믿음 위에 자신을 세우라고 했다. 우리는 성령님에 이끌려서 기도해야 한다. 성령님이 가르치는 말로 기도해야 한다. 아직 그렇게 안 되는 사람은 기도하라.

"성령님, 제 기도를 인도해주세요. 성령님, 도와주세요. 제 입술에 말을 주세요. 하나님이 기뻐하시는 기도를 하도록 도와주세요."

주님이 반드시 도와주실 것이다.

만일 그들이 우리 주 되신 구주 예수 그리스도를 앎으로

세상의 더러움을 피한 후에 다시 그중에 얽매이고 지면

그 나중 형편이 처음보다 더 심하리니

의의 도를 안 후에 받은 거룩한 명령을 저버리는 것보다

알지 못하는 것이 도리어 그들에게 나으니라

참된 속담에 이르기를 개가 그 토하였던 것에 돌아가고

돼지가 씻었다가 더러운 구덩이에 도로 누웠다 하는 말이

그들에게 응하였도다 베드로후서 2장 20-22절

우리는 두려움과 떨림으로 이 말씀을 받아야 한다. 이미 우리는 예수의 도(道)를 들었다. 그런데 그 후에 거룩한 명령을 저버리면 알지 못하는 게 낫다고 한다. 성경은 거룩한 명령을 저버

리는 것이 개가 토했던 것에 돌아가는 것과 똑같다고 한다. 믿는데 거룩하지 않으면 믿지 아니한 것만 못하다는 말이다. 그러므로 우리는 칭의, 성화, 영화가 모두 이루어지도록 우리 자신을 쳐서 날마다 복종시켜야 한다. 시간이 지난다고 거룩이 저절로 이루어지는 것이 아님을 기억하라.

> 그러나 주의 날이 도둑같이 오리니
> 그날에는 하늘이 큰 소리로 떠나가고
> 물질이 뜨거운 불에 풀어지고
> 땅과 그중에 있는 모든 일이 드러나리로다
> 이 모든 것이 이렇게 풀어지리니
> 너희가 어떠한 사람이 되어야 마땅하냐
> 거룩한 행실과 경건함으로
> 하나님의 날이 임하기를 바라보고 간절히 사모하라
>
> 베드로후서 3장 10-12절

마지막 날은 도둑같이 온다. 언제 올지 모른다. 그래서 우리는 거룩한 행실과 경건함으로 하나님의 날이 임하기를 바라보고 간절히 사모해야 한다. 설교를 마치고 목사님이 기도하려고 하시는데 예수님이 오시면 어떨까? 떨떠름한 표정을 짓는 성도가 꽤 될 것이다. '어? 나 요즘 성경도 안 읽었고 기도도 안 했고

전도도 안 했는데. 어어, 지금 오시면 좀 그런데.'

많은 사람이 예수님의 재림을 간절히 사모하지는 않는 것 같다. 하나님의 날이 임하기를 간절히 사모하는 사람은 예수님의 뜻대로 사는 사람이다. 우리는 그런 사람이 되어야 한다.

그날에 하늘이 불에 타서 풀어지고 물질이 뜨거운 불에
녹아지려니와 우리는 그의 약속대로 의가 있는 곳인
새 하늘과 새 땅을 바라보도다 베드로후서 3장 12,13절

당신은 새 하늘과 새 땅을 바라보는가? 많은 사람이 이 땅에 집중한다. 그래서 불행하다. 지금부터 삶의 지경을 넓히라. 새 하늘과 새 땅을 바라보라. 그날을 간절히 사모하라. 당신의 삶이 완전히 달라질 것이다.

주님이 오늘 당장 오신다고 생각해보라. 삶이 다를 수밖에 없다. 암환자가 되면서 시한부 선고를 받은 나는 주님을 곧 만난다고 생각하니 성경을 봐도 전과는 달랐다. 주님의 마음이 느껴졌다. 기도할 때는 주님의 음성이 들렸다. 내가 오늘 죽을 수도 있다는 걸 알기 때문이다.

그런데 건강한 사람도 마찬가지다. 오늘 죽을 수도 있다. 그러나 많은 사람이 모르고 산다. 하루하루 바쁘기 때문에 정신없이 보낸다. 그래서 나는 이 병에 걸린 것이 감사하다. 죽음을

생각하지 않을 수가 없어서 혼신의 힘을 다해 살기 때문이다. 말씀을 전할 때면 그때가 마지막이라는 생각으로 목숨을 다해서 전한다.

그날을 사모하며 새 하늘과 새 땅을 바라보게 되면, 시각이 바뀌고 삶이 바뀐다. 이 땅에 어려운 것이 없고 부족한 것이 없으며 두려운 것이 없다. 나는 나처럼 행복한 사람을 한 번도 못 봤다. 나처럼 꽉 찬 인생을 사는 사람이 내 주변에 없다. 이는 굉장히 놀라운 것이다. 나의 그 어떤 상황도 이러한 꽉 찬 삶을 빼앗을 수 없다.

당신도 나처럼 살 수 있다. 당신 앞에 어떤 어려움이 있든지 당신 역시 꽉 찬 삶을 살 수 있다. 완벽한 만족, 완벽한 행복을 누릴 수 있다. 하나님과 친밀해지고 하나님나라를 사모하게 될 때 그럴 수 있다. 하나님으로부터 오는 축복이 아닌 하나님 그분을 구할 때 그렇게 살 수 있다. 하나님을 구하면, 나머지는 정말 시시하게 느껴진다. 주님이 당신의 것이 되는 순간 당신은 모든 것을 갖게 된다. 주님을 구하라.

내가 의인임을 깨닫는 것은 굉장히 중요하다. 나는 사탄의 속임수가 한국 교회에 뿌리박혀 있다고 생각한다. 한국 교인들은 기도할 때 자신의 연약하고 부족한 점에 집중한다. 그것은 정확히 사탄이 원하는 일이다. 당신 자신을 바라보지 말라. 주님을 바라보라. 주님이 십자가에서 다 이루셨다. 주님은 이미 당신의 죄를 잊어버리셨다. 이 사실을 알고도 우리는 오늘 저녁에 또 죄를 짓는다. 또 실수한다. 그럼 우리에게 죄가 남아 있는가? 남아 있지 않다.

그러므로 당신 자신을 볼 때 자신이 완벽하게 깨끗하고 완벽하게 의롭고 완벽하게 거룩하다는 것을 알아야 한다. 주의 보혈의 능력으로 이 사실을 깨달아야 한다. 이 사실을 알아야 그렇게 살 수 있다. 믿어야만 그렇게 살 수 있다.

사탄은 끊임없이 우리의 실수와 죄를 물고 늘어진다. 그럴 때마다 약속의 말씀으로 물리쳐야 한다. 주님께서 다 이루신 것을 불완전으로 돌리지 말라. 죄책감을 가지고 있으면 다시 죄를 짓게 된다. 주님의 피 흘리심으로 말미암아 우리가 완벽하게 의롭게 되었음을 의심 없이, 흔들림 없이 믿을 때 죄로부터 완전히 자유로울 수 있다. 당신 자신의 이름을 넣어서 선포해보라.

"나 유석경은 완벽하게 깨끗하다! 나는 완벽하게 거룩하다. 나는 완벽하게 의롭다. 십자가 보혈의 능력으로!"

당신이 부족하고 연약하게 느껴질 때마다 그것이 거짓임을 깨달아야 한다. 당신은 특별한 사람이다. 왜 특별한가? 이 세상을 지으신 하나님의 영과 당신 안의 영은 똑같다. 우리는 인간이 가질 수 있는 최고의 특별함을 가진 사람들이다. 우리 자신을 바라보면 연약하고 부족하고 죄를 지을 수밖에 없는 존재로 보인다. 그러나 주님이 죄의 문제를 다 완벽히 이루셨으므로 우리는 의롭다. 십자가에서 죄를 사함받았음을 깨달으며 눈물 흘리고 나서 며칠 후 다시 죄책감을 느끼는 삶을 사는 것은 십자가 보혈의 능력을 무효로 돌리는 것이다. 오늘부터 항상 기억하라. "주님이 다 이루셨다!"

십자가, 내가 죽는 곳

많은 사람이 십자가의 의미를 오해한다.

"아하, 내 십자가는 우리 큰딸이야. 시집갈 생각을 안 해."

"나는 아들이 내 십자가야. 돈은 안 벌어오고 술만 먹어."

"우리 남편이 십자가야. 예수 믿으라고 그렇게 얘기해도 술만 먹고 괴롭혀."

당신은 절대 이런 표현을 쓰지 않길 바란다. 십자가는 이런 것이 아니다. 나는 이런 표현들이 주님이 지신 십자가에 대한 모욕이라고 생각한다. 사람들이 "자기 십자가를 지고 나를 따르라"는 말을 오해하는 것 같다.

'자기 십자가'라고 하니까 각자 십자가가 다르다고 오해하는 듯하다. 이 말은 각자 십자가가 다르다는 뜻이 아니다. 십자가의 뜻은 하나다. 십자가에서 주님이 무얼 하셨는가? 돌아가셨다. 즉, 십자가는 내가 죽는 곳이다. 아들, 딸, 남편, 시어머니는 내 몸과 같이 사랑해야 하는 이웃일 뿐이지 십자가가 아니다. 당신이 어떤 상황을 만나든 그것은 당신의 십자가가 아니다. 당신을 힘들게 하는 사람은 그저 당신이 사랑하고 섬겨야 할 대상일 뿐이다. 십자가는 당신이 죽는 곳이다. 그게 십자가의 뜻이다. 십자가의 뜻은 그 하나다.

자기 십자가를 지고 따르라는 것은 각자 자기 십자가에서 죽으라는 것이지, 저마다 다른 십자가를 지고 나오라는 것이 아니다. 우리는 주님 뜻대로 살기로 날마다 결단한다. 특히 새해에 많이 결단한다. 성령의 불이 임하면서 결단한다. 그런데 결단한 대로 살아지는가? 솔직히 잘 안 된다. 왜 그런가? 주님 뜻대로 날마다 결단하는데 왜 날마다 실패하는가? 내가 아직 십자가에서 죽지 않았기 때문이다. 내가 살아 있기 때문이다. 정확히 정리해야 한다.

성도는 주님 뜻대로 사는 사람이 아니다. 내 안에 주님이 사시도록 하는 사람이다. 주님이 내 안에 살지 않고 내가 살고 있는데 자꾸 주님 뜻대로 살려고 하니까 실패하는 것이다. 십자가에서 나는 죽고 내 안에 주님이 사시면, 당신이 원하지 않아도 주님 뜻대로 살 수밖에 없다. 그러니까 당신이 가장 먼저 해야 할 일은 십자가에 당신 자신을 못 박는 것이다. 왜? 주님이 핏값을 주고 사셨기에 이제 나는 내 것이 아니기 때문이다.

내가 그리스도와 함께 십자가에 못 박혔나니

그런즉 이제는 내가 사는 것이 아니요

오직 내 안에 그리스도께서 사시는 것이라

이제 내가 육체 가운데 사는 것은

나를 사랑하사 나를 위하여 자기 자신을 버리신

하나님의 아들을 믿는 믿음 안에서 사는 것이라

갈라디아서 2장 20절

당신이 누군가와 자꾸 싸운다면 그 이유는 당신이 아직 살아 있기 때문이다. 당신이 죽으면 화가 나지 않는다. 당신 안에 그리스도께서 살게 하시도록 하라.

십자가, 고난에 순종함으로 온전하게 되는 것

어느 날 자궁암에 걸려 죽게 되었다가 나으신 분의 간증을 듣게 되었다. 자궁암이 너무 심각해서 가망이 없다는 의사의 진단을 받은 날, 부엌에 뭘 먹으러 들어갔는데 하나님이 이렇게 말씀하셨다고 한다. "딸아, 내가 너의 병을 고쳐주겠다." 그러니 이 분이 얼마나 감격했겠는가. 그 자리에 주저앉아 펑펑 우셨다고 한다. 몇 시간 펑펑 울고 나니 암이 싹 사라졌다고 했다.

이 간증을 들은 나의 마음이 어떠했을까? 부러웠다. 그 이야기가 부럽지 않을 암환자가 어디 있겠는가? 그 얘기를 들으니 너무 은혜가 되고 부러워서 나 역시 그러한 음성을 들으리라 결심하고 집에 와서 기도했다.

"누구에게나 동일하신 하나님, 제 기도를 들어주세요. 아까 그분의 하나님과 저의 하나님이 똑같잖아요. 저에게도 '딸아, 내게 너의 병을 고쳐주겠다'는 음성을 들려주십시오."

정말 열심히 기도했다. 그러나 주님은 내가 원하는 음성을 주지 않으셨다. 그저 이렇게 말씀하셨다.

"온전하라, 온전하라."

'어우, 이거 아닌데. 이 말은 정말 부담스러운데.'

차라리 '순종하라'가 낫지 않은가. 온전하라는 말은 너무 부담스러웠다. 그래서 거부했는데, 하나님은 한 번이 아니라 계속 말씀하셨다.

하나님의 계획은 항상 내 계획과 다르다. 나는 병이 단번에 낫기를 바란다. 그러나 주님은 병을 고쳐주시는 게 아니라 온전하라고 말씀하셨다. 나는 부담스럽기도 하면서 고민이 됐다. 대체 어떻게 해야 온전해질 수 있는 것인지 고민이 되었다. 그런데 하나님이 말씀으로 답을 주셨다.

그가 아들이시면서도 받으신 고난으로 순종함을 배워서
온전하게 되셨은즉 자기에게 순종하는 모든 자에게
영원한 구원의 근원이 되시고 히브리서 5장 8,9절

충격적이다. 예수님도 고난으로 순종함을 배우셔야만 했다. 100퍼센트 하나님이신 예수님이 고난으로 순종을 배우셔야만 하는 이유는 무엇인가? 그분은 100퍼센트 신이지만 인간의 몸을 입고 오셨다. 인간의 몸은 불완전하다. 예수님은 인간의 몸을 입고 계셨기 때문에 100퍼센트 인간이셨다. 그러니까 우리가 당하는 희로애락을 다 느끼시는 것이다. 예수님조차도 고난으로 순종함을 배울 수밖에 없으셨다. 온전하게 되시기 위해서.

예수님도 그렇다면 하물며 우리는 어떻게 해야 되는가? 우리도 고난에 순종함을 배워서 온전하게 될 수밖에 없다.

'아, 그렇구나. 이 고난에 순종해서 온전하게 되는 것이 주님 뜻이구나.'

나는 온전하라는 주님의 말씀에 대한 고민에 해답을 얻음과 동시에 십자가의 의미를 새롭게 느끼게 되었다.

이 말씀을 주시기 전에 나는 항상 십자가를 생각하면 주님의 수치, 고통만을 생각하며 눈물 흘리고 감격해했다. 그런데 이 말씀을 보고 생각해봤다. 그랬더니 예수님이 고통 없이 1초 만에 돌아가셨어도 그 핏값으로 충분히 우리 모두의 죄를 사하실 수 있음을 깨달았다.

구약시대 제사에서는 소나 양 등을 잡아 제물로 드렸다. 그래야만 하나님께 죄를 용서받을 수 있었다. 그런데 인간의 죄가 더 큰가, 동물의 죄가 더 큰가? 인간의 죄가 훨씬 더 크다. 그렇다면 동물의 피로 우리 죄가 완벽하게 씻길 수 없다. 그래서 하나님은 더 큰 제물을 생각하셨다. 온 인류의 죄를 덮고도 남을 큰 제물은 하나님뿐이었다. 그래서 하나님은 인간의 몸으로 이 땅에 오셨다.

구약시대 제물과 예수님의 십자가 죽음의 원리는 똑같다. 그런데 구약시대 때는 제물을 힘들게 고문해서 죽이지 않았다. 그냥 단칼에 죽였다. 핏값이 중요하기 때문이다. 즉, 예수님도 단번에 돌아가셨더라도 얼마든지 모든 인류의 죄를 사할 수 있으셨다. 그분이 고통당하고 돌아가시나 그렇지 않으나 결과는 똑같다. 그 핏값은 같다. 그런데 예수님이 수치와 고통을 당하신 이유는 무엇인가? 이 점을 놓고 생각하다가 히브리서 말씀을 떠올리게 되었다. 온전하게 되셔서 영원한 구원의 근원이 되시기 위함이었다.

구약에서도 흠 있는 제물은 드릴 수가 없었다. 흠이 없는 어린양만 제물로 드릴 수 있었다. 그와 같이 예수님께서도 우리 죄를 사하시기 위한 제물이 되기 위해 흠 없이 완벽하게 온전해져야 하셨다. 그런데 그 유일한 방법이 고난에 순종하는 것이었다. 그래서 100퍼센트 신이었으나 인간의 육체를 입고 계셨던 예수님은 고난에 순종함을 배워 온전하게 되셨다. 이것이 바로 내가 새롭게 깨달은 십자가의 의미였다. 고난에 순종함으로 온전하게 되는 것.

고난도 두렵지 않다

십자가의 의미가 새롭게 다가오자 고난의 의미도 새롭게 다가왔다. 왜냐하면 지금 내 삶이 고통스럽기 때문이다. 강단에서 나는 우아하게 보인다. 하지만 밤이 되면 나는 처절한 고통으로 인해 짐승처럼 울부짖는다. 밤이 너무 길다. 그런데 성경을 보면 48시간 십자가에 달리신 예수님이 우리의 모든 고통을 체휼하여 아신다고 했다. 그러니까 아무리 고통스러워도 예수님처럼 고난당한 사람이 없는 것이다.

그런데 나는 궁금했다. 예수님은 48시간 고난당하셨고, 나는 2년 째 이 끔찍한 고통을 당하고 있는데 왜 주님의 고통이 더 큰가? 솔직히 내 고통이 더 큰 것 같은데 말이다. 그랬더니 주님이 말씀해주셨다. 십자가의 가장 큰 고통이 무엇인지 말이다.

맨살에 채찍을 맞고 피 흘리고 못이 박히는 고통도 상상할 수 없는 고통일 것이다. 그러나 주님은 그보다 더 큰 고통을 겪으셨다. 바로 하늘 보좌를 버리고 인간이 되는 고통이다. 우리로서는 그 고통을 상상할 수가 없다. 우리가 백 평짜리 화려한 아파트에 살다가 갑자기 길거리 천막에 살게만 돼도 끔찍할 것이다. 그러나 주님이 계셨던 영광의 보좌는 우리가 상상할 수 없다. 그토록 영광스런 삶을 사시다가 인간이 되셨다. 인간 중에서도 가장 흉악범들만 달리는 십자가에서 돌아가셨다. 그 고통을 우리가 어찌 상상할 수 있겠는가?

신이셨던 예수님도 인간의 육체를 입고 있다는 이유만으로 고난을 통해 순종을 배우셔야 했는데, 하물며 우리는 어떠하겠는가? 그런데 우리는 고난을 원하지 않는다. 나와 친한 동생은 내가 기도할 때마다 이렇게 말한다.

"언니, 기도할 때 우리라고 하지 마. 너무 부담스러워. 따로 언니 이름만 넣었으면 좋겠어. 난 아직 그렇게 못 살아."

우리는 고난을 두려워한다. 고난을 원하지 않는다. 그러나 고난은 선택 사항이 아니다.

그리스도를 위하여 너희에게 은혜를 주신 것은
다만 그를 믿을 뿐 아니라 또한 그를 위하여
고난도 받게 하려 하심이라 빌립보서 1장 29절

우리는 그냥 믿고만 싶은 것이다. 그런데 성경은 우리가 그분을 믿을 뿐만 아니라 그분을 위해 고난도 받게 하려고 우리에게 은혜를 주셨다고 한다. 즉, 우리는 솔직히 원하지 않았는데 은혜를 받았다. 천국 시민이 되었다. 그렇게 은혜를 받았기 때문에 우리는 그분을 믿을 뿐만 아니라 고난도 받을 수밖에 없다. 그저 우리는 이 사실을 받아들이면 된다. 자꾸 고난이 싫다고 생각해봤자 마음만 힘들다. 어차피 고난은 온다. 우리는 주를 위한 고난을 선택할 수밖에 없다.

이는 하나님의 공의로운 심판의 표요

너희로 하여금 하나님의 나라에 합당한 자로

여김을 받게 하려 함이니 그 나라를 위하여

너희가 또한 고난을 받느니라 데살로니가후서 1장 5절

고난 없이는 하나님나라에 합당한 자가 될 수 없다.

그러므로 너는 내가 우리 주를 증언함과 또는 주를 위하여

갇힌 자 된 나를 부끄러워하지 말고 오직 하나님의 능력을 따라

복음과 함께 고난을 받으라 디모데후서 1장 8절

너는 그리스도 예수의 좋은 병사로 나와 함께 고난을 받으라

디모데후서 2장 3절

주님과 함께 고난을 받지 않으면 좋은 병사가 아니다.

그리스도께서 이미 육체의 고난을 받으셨으니

너희도 같은 마음으로 갑옷을 삼으라

이는 육체의 고난을 받은 자는 죄를 그쳤음이니

그 후로는 다시 사람의 정욕을 따르지 않고

하나님의 뜻을 따라

육체의 남은 때를 살게 하려 함이라

베드로전서 4장 1,2절

나는 이 말에 절대 공감한다. 육체의 고난이 커지면 죄를 그치게 된다. 이유가 무엇인가? 육체의 고난으로 순종함을 배워서 온전하게 되기 때문에 죄를 그칠 수 있게 된다.

오히려 너희가 그리스도의 고난에 참여하는 것으로 즐거워하라
이는 그의 영광을 나타내실 때에 너희로 즐거워하고
기뻐하게 하려 함이라 베드로전서 4장 13절

이런 말씀을 보면 성경은 정말 부담스러운 책이다. 고난을 받아야 할 뿐 아니라 심지어 즐거워해야 한다고 말한다. 꼭 짚고 넘어가고 싶은 것은 그리스도의 고난에 참여한다는 것이 우리의 잘못 때문에 당하는 고난은 포함되지 않는다는 것이다. 이 점을 꼭 강조하고 싶다.

주님을 위해 받는 고난에 믿음으로 반응할 때만 성숙해진다. 그러니까 고난을 받을 때면 그것이 나의 잘못으로 인한 고난인지, 주님을 위해 받는 고난인지 분별해야 한다. 내 잘못으로 인한 고난이면 회개하여 새롭게 하면 되고, 주님을 위해 받는 고난이면 기뻐하며 감사하면 된다.

고난을 꼭 당할 수밖에 없다고 한다면 우리가 그 고난을 두려워해야 하는가? 분명히 마음속에 부담스러운 사람이 있다. '어우, 난 고난 싫은데.'

그런데 우리는 그럴 필요가 없다.

모든 은혜의 하나님 곧 그리스도 안에서 너희를 부르사
자기의 영원한 영광에 들어가게 하신 이가
잠깐 고난을 당한 너희를 친히 온전하게 하시며
굳건하게 하시며 강하게 하시며
터를 견고하게 하시리라 베드로전서 5장 10절

고난은 잠깐이다. 어떤 일이 와도 당신은 절망할 필요가 절대 없다. 잠깐이기 때문이다. 그 잠깐을 견디면 영원한 영광이 기다린다. 그런데 우리는 자꾸 이 땅의 삶에 집중하기 때문에 그 잠깐을 견디지 못한다. 영원한 삶을 바라보라. 영원한 영광을 바라보라. 그러면 잠깐의 고난은 장난과 같이 느껴질 뿐이다.

고난을 두려워할 필요가 없는 또 다른 이유는 고난을 당한 우리를 주님이 친히 온전하게 하시며 굳건하게 하시며 강하게 하시며 터를 견고하게 하실 것이기 때문이다. 우리는 혼자가 아니다. 예수님이 모든 고난을 넉넉하게 넘기고도 남을 만큼 다 이루게 하실 것이다. 그러니 우리는 고난이 온다고 두려워할 필요가 전혀 없다.

좁은 문으로 들어간다고 인생이 힘들어지는 게 아니다. 좁은 문으로 들어가는 순간, 예수 그리스도께서 운전해주시는 삶을 경험하게 된다. 풍랑 때문에 배에 물이 찼을 때 세상 사람들은 배에서 물을 퍼낸다. 하지만 예수 믿는 사람은 주님의 손을 잡고 물 위를 걷는다. 그러니 예수 믿는 사람은 고난을 두려워할 필요가 없다. 성경에서 자꾸 고난에 대해 얘기한다고 부담스러워할 필요가 없다. 고난은 결과적으로 우리에게 고난이 아니기 때문이다. 그것은 영원한 영광에 들어가기 위해 거쳐야 할 통과의례일 뿐이다.

십자가에서 부르는 하늘 소망

정리하겠다. 십자가의 첫 번째 의미는 다 이루었다는 것이다. 우리의 현실적인 문제는 이미 해결됐다. 그것을 믿고 풍성한 삶을 누리기만 하면 된다. 또한 영적인 문제 역시 해결되었다. 주님이 우리의 죄 문제를 모두 완벽하게 해결하셨다. 그래서 우리는 완벽하게 깨끗하고, 완벽하게 의롭고, 완벽하게 거룩하다. 그래서 하나님이 우리를 볼 때 기쁨을 이기지 못하시는 것이다.

십자가의 두 번째 의미는 내가 죽는 것이다. 내가 나 자신을 십자가에 못 박을 때 진정한 자유를 누리게 된다. 진짜 내가 된다. 참 내가 된다.

십자가의 세 번째 의미는 고난으로 순종함을 배워서 온전하게 되는 것이다. 우리는 고난으로 순종함을 배우는 것을 두려워할 필요가 없다. 우리가 그것을 넉넉하게 감당하도록 하나님이 우리를 도와주신다. 성경은 진리다. 다 이루었다는 말씀을 붙들고, 다 이루었다는 말씀의 능력이 날마다 당신의 삶에서 풍성하게 역사하기를 주님의 이름으로 기도하라.

요즘에 많은 성도가 천국을 바라보질 않는다. 그런데 베드로후서 3장을 보면, 하나님의 날이 임하기를 간절히 사모하라고 했다. 당신은 하나님의 날이 임하기를 간절히 사모하는가?

당신은 하나님이 하늘 보좌를 버리고 인간이 되어 모든 피를 쏟아 부으셨을 정도로 소중한 사람이다. 하나님의 소중한 사람인 당신이 그 땅을 소망하며 살았으면 좋겠다. 나는 〈하늘 소망〉이라는 찬양을 믿음의 고백으로 주님께 드리고 싶다.

나 지금은 비록 땅을 벗하며 살지라도
내 영혼 저 하늘을 디디며 사네
내 주님 계신 눈물 없는 곳
저 하늘에 숨겨둔 내 소망 있네
보고픈 얼굴들 그리운 이름들 많이 생각나
때론 가슴 터지도록 기다려지는 곳

내 아버지 넓은 품 날 맞으시는
저 하늘에 쌓아둔 내 소망 있네
주님 그 나라에 이를 때까지
순례의 걸음 멈추지 않으며
어떤 시련이 와도 나 두렵지 않네
주와 함께 걷는 이 길에

— 민호기 사, 곡

4
PART

내가 살아 숨 쉬는 이유

내가 달려갈 길과 주 예수께 받은 사명

곧 하나님의 은혜의 복음을 증언하는 일을 마치려 함에는

나의 생명조차 조금도 귀한 것으로 여기지 아니하노라

사도행전 20장 24절

전도란
무엇인가

　전도란 생명을 나눠주는 것이다. 우리의 아버지 되시는 하나님은 우리에게 이 생명을 주어 우리와 영원히 함께하기 위해 인간의 몸을 입고 이 땅에 오셨다. 그리고 십자가에 달려 고통을 당하시고 목숨까지도 내주셨다. 그런데 많은 성도가 하나님 아버지가 구하려고 하시는 다른 영혼들의 문제에는 신경 쓰지 않는다. 전도는 신앙 좋은 몇몇 특별한 사람의 몫이라고 생각한다. 그러나 우리가 정말 하나님의 자녀라면, 그리고 그분의 사랑을 안다면 그럴 수는 없다.

　그분의 자녀가 되면 그분과 한 영이 되고(고전 6:17), 그분의 마음을 갖게 되기 때문이다. 주님의 마음으로 생명을 전하지 않고는 견딜 수 없는 것, 그것이 주님의 자녀가 된 사람들의 자연스러운 반응이다.

생명을 나눠주는 것이 전도라고 했다. 생명을 나눠주려면 우리에게 생명이 있어야 함은 당연하다. 당신은 정말 그 생명을 가지고 있는가? 우리는 많은 삶의 문제들을 가지고 있다. 그러나 생명의 문제보다 더 중요한 것은 없다. 우리 인생에서 가장 중요하다고 생각하는 두 가지 질문을 우리 스스로에게 해보고 답을 해야 한다.

첫 번째 질문은 "나는 구원받은 하나님의 자녀인가? 나는 영생을 얻었는가?"이다. 두 번째는 "오늘 죽는다면 천국에 갈 수 있는가?"이다. 내 경험상 이런 질문을 하면 보통의 권사님, 장로님들은 '머리에 피도 안 마른 게 내가 지금 장로로 15년 동안 죽도록 순종했는데 감히 나의 구원을 의심하다니' 하시면서 기분 상한 표정을 짓는 분들이 많다. 그런데 내가 하는 말이 아니라 성경이 말하고 있다.

나더러 주여 주여 하는 자마다 다 천국에 들어갈 것이 아니요
다만 하늘에 계신 내 아버지의 뜻대로 행하는 자라야 들어가리라
그날에 많은 사람이 나더러 이르되
주여 주여 우리가 주의 이름으로 선지자 노릇하며

주의 이름으로 귀신을 쫓아내며

주의 이름으로 많은 권능을 행하지 아니하였나이까 하리니

그때에 내가 그들에게 밝히 말하되

내가 너희를 도무지 알지 못하니 불법을 행하는 자들아

내게서 떠나가라 하리라 마태복음 7장 21-23절

당신은 귀신을 쫓아내본 적이 있는가? 주의 이름으로 귀신을 쫓아낸 사람도 주님은 그냥 알지 못하는 것이 아니라 도무지 알지 못한다고 말씀하신다. 이 말씀을 심각하게 묵상해봐야 한다. '나는 주여 주여 하는 자가 아닌가? 내가 주여 주여 하는 자가 아니라면 그것은 어떻게 알 수 있는가?'

굉장히 중요한 문제다. 세상 그 어떤 문제보다 구원은 중요한 문제이다. 우리가 오래 살아봐야 백 살이다. 죽고 나면 끝인가? 아니다. 영생이 기다리고 있다. 그 영생에서 천국으로 갈지 지옥으로 갈지 결정이 된다. 그런데 많은 크리스천이 이 문제를 굉장히 가볍게 생각한다. 요한복음 3장 16절을 믿었고 주님이 나를 위해 죽으셨음을 믿었으니 구원받을 거라고 확신한다.

예수께서 이르시되 내가 곧 길이요 진리요 생명이니

나로 말미암지 않고는 아버지께로 올 자가 없느니라

요한복음 14장 6절

이 말씀처럼 구원의 유일한 길은 예수 그리스도 오직 한 분뿐이다. 이것을 진정 믿는지 살펴보자. 많은 사람들이 예수 그리스도를 구원자라고 외치지만 사실 마음속을 들여다보면 돈도 좀 있었으면 좋겠고, 명예도 높은 건 안 바라지만 좀 있었으면 좋겠고, 미혼이신 분들은 결혼도 좀 했으면 좋겠고, 자녀가 없으신 분들은 적적하니 자녀도 있었으면 좋겠고, 자녀가 있으신 분들은 이왕이면 아이가 좋은 학교에 가면 좋겠고, 돈도 잘 벌었으면 좋겠고 등.

많은 이들이 말로는 구원의 유일한 길이 예수 그리스도라고 말하지만 돈이 없어서 불안해하기는 해도 믿음이 없어서 불안해하는 사람은 찾아보기 어렵다. "오, 나는 믿음이 너무 적은 것 같아. 어떡하지?" 하면서 진심으로 고민하는 사람을 본 적 있는가. 반면 "돈이 없어서 노후가 걱정돼. 지금 돈을 좀 벌었으면 좋겠어"라고 말하는 사람은 흔히 볼 수 있다. 우리가 말로만 예수 그리스도가 유일한 구원자라고 하면서 사실은 믿지 않는다는 거다. 당신의 마음속을 들여다보라.

나는 신학교에 가기 전에 돈을 벌어봤다. 이렇게 말하면 어떻게 들릴지 모르지만 나는 하나님이 돈 버는 달란트를 주셨다. 내가 벌어봐서 아는데 돈은 만족을 주지 않는다. 좋은 차도 처음 산 날 딱 하루 기분 좋다. 돈이 행복을 준다고 말하는 것은 사탄의 속임수다. 그러나 많은 성도님들이 거기에 속는다. 왠지 돈이 있어야 행복할 것 같고 평안할 것 같다. 절대 그렇지 않다. 오직 예수 그리스도만이 우리에게 만족과 기쁨을 주고 구원을 줄 수 있다.

지금 당신이 믿음으로 구원을 받았는지 체크해봐야 한다. 성경은 곳곳에서 믿음으로 구원을 받는다고 한다. 너무나 잘 아는 내용이다.

사람이 마음으로 믿어 의에 이르고 입으로 시인하여
구원에 이르느니라 로마서 10장 10절

영접하는 자 곧 그 이름을 믿는 자들에게는
하나님의 자녀가 되는 권세를 주셨으니
이는 혈통으로나 육정으로나
사람의 뜻으로 나지 아니하고
오직 하나님께로부터 난 자들이니라 요한복음 1장 12,13절

하나님이 세상을 이처럼 사랑하사 독생자를 주셨으니
이는 그를 믿는 자마다 멸망하지 않고
영생을 얻게 하려 하심이라 요한복음 3장 16절

여기에 공통적으로 나오는 단어가 '믿는 자'이다. 믿는 자가

영생을 얻는다. 성경의 여러 구절이 우리가 믿기만 하면 영원한 생명을 얻는다고 증거하고 있다. 당신은 이 구절들을 믿는다. 그렇다면 영원한 생명을 가지게 된 것인가?

네가 하나님은 한 분이신 줄을 믿느냐 잘하는도다
귀신들도 믿고 떠느니라 야고보서 2장 19절

믿음으로 구원을 얻는 것은 사실이다. 그러나 그것이 어떤 믿음이냐가 문제다. 지식적인 믿음은 성경에서 말하는 구원을 얻는 믿음이 아니다.

내가 내 몸을 쳐 복종하게 함은 내가 남에게 전파한 후에
자신이 도리어 버림을 당할까 두려워함이로다 고린도전서 9장 27절

사도 바울도 이것을 두려워했다면, 우리도 당연히 우리의 믿음이 구원을 얻게 하는 진정한 믿음인지 점검해봐야 하지 않겠는가?

그러므로 우리는 두려워할지니
그의 안식에 들어갈 약속이 남아 있을지라도
너희 중에는 혹 이르지 못할 자가 있을까 함이라 히브리서 4장 1절

구원의 두 가지 측면

구원은 믿음으로 단번에 이루어진다.

너희는 그 은혜에 의하여 믿음으로 말미암아 구원을 받았으니
이것은 너희에게서 난 것이 아니요 하나님의 선물이라
행위에서 난 것이 아니니 이는 누구든지 자랑하지 못하게 함이라

에베소서 2장 8,9절

예수님을 영접하는 순간, 우리는 영원한 사망에서 영원한 생명으로 단번에 옮겨지게 된다. 그런데 구원을 이 한 가지 측면만 있다고 오해하게 되면, 많은 신앙의 문제를 일으킨다. 구원에는 주님 앞에 가는 날까지 구원을 이루어가는 측면이 있다. 이 두 가지가 동전의 양면처럼 함께 있는 것이다.

그러나 이제는 너희가 죄로부터 해방되고 하나님께 종이 되어
거룩함에 이르는 열매를 맺었으니 그 마지막은 영생이라

로마서 6장 22절

우리가 예수님을 믿게 되면 죄로부터 해방된다. 비록 우리가 계속 죄를 짓는 실수를 하지만, 성령님이 내 안에 들어오시면서 우리에게 죄를 짓지 않을 능력이 생긴다는 것이다. 이렇게 죄에

서 해방되고, 하나님의 종이 된다.

우리 믿음이 진짜 믿음일 때는 날마다 거룩함의 열매를 맺는다. 그리고 거룩하게 되는 목적과 끝, 그 결과가 바로 영생이다. 우리가 예수님을 믿는 순간 영생을 얻게 되지만, 그 영생을 얻는 과정이 있다는 것이다.

내가 그리스도와 그 부활의 권능과 그 고난에 참여함을
알고자 하여 그의 죽으심을 본받아 어떻게 해서든지
죽은 자 가운데서 부활에 이르려 하노니
내가 이미 얻었다 함도 아니요 온전히 이루었다 함도 아니라
오직 내가 그리스도 예수께 잡힌 바 된
그것을 잡으려고 달려가노라 빌립보서 3장 10-12절

사도 바울은 '어떻게 해서든지… 이르려 하노니'라는 표현을 쓰고 있다. 구원은 주님 앞에 갈 때까지 내가 이루어가는 것이기에, 바울은 '이미 얻었다', '온전히 이루었다'고 말하지 않았다. 오히려 '그리스도 예수께 잡힌 바 된 그것을 잡으려고 달려가노라'라고 했다.

이 말은 주님이 이루신 부활을 내 것으로 만들려고 돌진한다는 뜻이다. 이유가 무엇인가? 예수 그리스도께서 십자가에서 핏값을 주고 사셔서 나를 그분의 것으로 만드셨기 때문에 우리

는 우리의 것이 아니다. 우리는 주님께 '잡힌 바' 되었다. 그래서 우리는 주님이 우리를 위해 이루신 부활을 잡기 위해 달려가야 한다.

우리가 구원이 단번에 이루어지는 것으로 오해하고 있기 때문에, 요즘 사람들이 기독교를 '개독교'라고 비하하는 것이다. 내가 구원받고 천국 간다고 확신하고 하나님과 아무 상관없이 살기 때문에, 이방인 중에서 하나님의 이름이 모독을 당한다.

진정한 믿음은 거룩의 열매를 맺을 수밖에 없다. 구원은 주님 앞에 가는 날까지 이루어가는 것이기 때문에, 단 하루도 우리 마음대로 살 수 없고, 매일 우리 몸을 쳐서 복종시켜야 한다.

그런데 많은 분들이 영접기도를 하고, 한 번 뜨거운 성령 체험을 한 추억으로 산다. 그리고 자신의 구원을 확신한다. 하지만 열 처녀의 비유를 생각해보라. 열 명의 처녀가 전부 기름을 갖고 있었다. 그러나 정작 신랑이 왔을 때, 다섯 명은 여분의 기름이 있었고, 다섯 명은 기름이 떨어져서 혼인 잔치에 들어가지 못했다.

오늘 당신의 등잔에 기름이 없다면, 그 그릇에 기름이 차 있는지 없는지 관심도 없이, 영접 기도를 했다는 기억만으로, 주님 뜻과 상관없이 내 뜻대로 산다면 구원받을 수 없다. 처음의 그 믿음이 진짜 구원을 주는 믿음이었다면, 우리는 날마다 그 등잔에 기름을 부어야 한다.

예수님을 믿는다는 것은 머리로 믿는 것이 아니다. 그 믿음을 날마다 살아내는 것이다. 그 믿음을 살아냄이 없다면 그 사람은 믿는 사람이 아니다.

그렇다면 우리에게 구원을 주는 진정한 믿음이 있는지 어떻게 확신할 수 있는가?

첫째는 약속의 말씀이 증거해준다.

내가 진실로 진실로 너희에게 이르노니
내 말을 듣고 또 나 보내신 이를 믿는 자는
영생을 얻었고 심판에 이르지 아니하나니
사망에서 생명으로 옮겼느니라 요한복음 5장 24절

둘째는 주님과의 친밀한 관계 속에서 성령님께서 직접 확인시켜주신다.

너희가 성경에서 영생을 얻는 줄 생각하고 성경을 연구하거니와
이 성경이 곧 내게 대하여 증언하는 것이니라
그러나 너희가 영생을 얻기 위하여
내게 오기를 원하지 아니하는도다 요한복음 5장 39,40절

그의 계명을 지키는 자는 주 안에 거하고

주는 그의 안에 거하시나니

우리에게 주신 성령으로 말미암아

그가 우리 안에 거하시는 줄을 우리가 아느니라

요한일서 3장 24절

성령이 친히 우리의 영과 더불어

우리가 하나님의 자녀인 것을 증언하시나니 로마서 8장 16절

 셋째는 진정한 믿음을 갖게 되면 열매를 맺게 된다.

 여기서 말하는 믿음이란 무엇인가? 내가 주여 주여 하는 자가 아닌지 어떻게 아는가? 이 믿음이 있는가를 내가 어떻게 알 수 있는가? 그다음 구절을 살펴보라. 성경을 읽다가 잘 모르겠으면 앞뒤를 살펴보면 해설이 나온다.

그러므로 누구든지 나의 이 말을 듣고 행하는 자는

그 집을 반석 위에 지은 지혜로운 사람 같으리니

비가 내리고 창수가 나고 바람이 불어

그 집에 부딪치되 무너지지 아니하나니

이는 주추를 반석 위에 놓은 까닭이요

나의 이 말을 듣고 행하지 아니하는 자는

그 집을 모래 위에 지은 어리석은 사람 같으리니

비가 내리고 창수가 나고 바람이 불어

그 집에 부딪치매 무너져 그 무너짐이 심하니라

마태복음 7장 24-27절

천국에 갈 수 있는 자는 '나의 이 말을 듣고 행하는 자'다. 그러면 또 질문할 수 있다. 내가 이 말을 듣고 행하는 자인지 어떻게 알 수 있는가? 그 앞 절에 나온다.

마태복음 7장 20절에 "이러므로 그들의 열매로 그들을 알리라"라고 했다. "열매로 그들을 알리라." 이 말씀을 평생 기억해야 한다. "나 예수 믿어, 예수 믿고 구원받았어." 그걸로 천국 가지 않는다. 말은 중요하지 않다. 말은 우리 생각을 말하는 것일 뿐이다. 열매가 있어야 한다. 구원을 얻게 하는 믿음은 바로 열매를 맺게 하는 믿음을 의미한다.

혼돈을 방지하기 위해서 한 가지 짚고 넘어가자. 행위로 구원받을 수 있다고 생각하시는 분들이 있다. 그래서 열심히 선행을 한다. 그런데 절대 행위로 구원받을 수 없다. 왜냐하면 구원은 선물이기 때문이다. 믿기만 하면 하나님이 공짜로 주신다.

믿기만 하면 공짜로 주시니까 행위로는 구원을 못 얻지만 그 믿음이 진짜일 때는 그 열매가 생길 수밖에 없다. 그러니까 당신이 믿음이 없다면 그 열매가 없다는 거다. 그럼 스스로 질문해야 한다. '내 믿음이 진짜 열매를 맺고 있는가?'

좁은 문으로 들어가라 멸망으로 인도하는 문은
크고 그 길이 넓어 그리로 들어가는 자가 많고 마태복음 7장 13절

좁은 문으로 들어가는 자는 많지 않다고 성경은 말한다. 사람들은 멸망으로 인도하는 큰 길로 많이 간다. 막연히 '나는 좁은 문으로 가고 있을 거야' 하고 생각한다고 구원을 얻는 것이 아니라는 것이다. 우리는 멸망으로 인도하는 큰 길로 가지 않기 위해서 자신의 믿음을 점검해봐야 한다.

우리가 구원받은 하나님의 자녀인지 알려면 내 삶 속에서 좋은 열매를 맺고 있는지 살펴봐야 한다.

'생명의 복음이 내 안에 있는가?'

'나의 삶 속에서 복음의 능력이 발휘되고 있는가?'

'그 생명의 복음을 전하고 있는가?'

'이 모든 것들 안에서 하나님께서 나의 삶을 통해서 영광을 받고 계시는가?'

우리는 스스로에게 물어봐야 한다.

만약 이런 믿음이 없다면 오늘 목숨 걸고 기도해야 한다. 이것보다 중요한 문제는 우리 인생에 없다. 오늘 이 믿음을 달라고 기도하라. 혹 이런 믿음이 지금까지 없었다고 해서 걱정할 필요는 없다. 성령님께서 이 믿음을 우리에게 주시기 때문이다.

너희 중에 아버지 된 자로서 누가 아들이 생선을 달라 하는데
생선 대신에 뱀을 주며 알을 달라 하는데 전갈을 주겠느냐
너희가 악할지라도 좋은 것을 자식에게 줄 줄 알거든
하물며 너희 하늘 아버지께서 구하는 자에게
성령을 주시지 않겠느냐 하시니라 누가복음 11장 11-13절

구하면 준다고 이미 성경에 약속하셨다. 내가 열매 맺는 믿음
이 없는 것 같다면, 성령을 구하면 된다. 그래서 우리가 첫 번째
해야 할 질문은 '우리가 구원받은 자녀인가?'이다. 그리고 두 번
째 질문은 '우리는 하나님의 뜻대로 행하며 살고 있는가?'이다.

사실 이 두 가지 질문은 한 가지 질문이다. 왜냐하면 우리가
구원받은 자녀인지 알려면 하나님의 뜻대로 행할 수 있는가 봐
야 한다. 그런데 하나님의 뜻대로 행하며 살고 있는지 물어보
니까 결국은 하나의 질문인 거다. 하나님이 창조하신 목적대로
살면 행복하다. 왜 예수를 믿는데 인생이 힘든가 하면 자꾸 내
뜻대로 살아서다. 하나님께서 창조하신 목적대로 살 때만 우리
는 만족이 있고 행복할 수 있다.

하나님은 그 누구보다 우리가 행복하길 원하신다. 오죽 원하
시면 자기 아들을 이 땅에 죽으라고 보내주셨겠는가. 이를 봐
도 우리에게 힘든 일이 왔을 때 하나님을 원망하는 것이 얼마나
하나님을 오해하는 것인지 알 수 있다. 하나님은 우리가 행복

하길 원하신다. 우리가 창조된 목적대로 살 때 행복할 수 있다는 것을 모르고 있을 뿐이다. 그러면 우리가 창조된 목적이 뭔지를 알아보자.

> 내 이름으로 불려지는 모든 자
> 곧 내가 내 영광을 위하여 창조한 자를 오게 하라
> 그를 내가 지었고 그를 내가 만들었느니라 이사야서 43장 7절

하나님은 자신의 영광을 위해서 우리를 창조하셨다. 그러면 우리는 하나님의 영광을 위해 살아야 한다. 그런데 많은 사람들이 하나님의 영광을 위해 사는 건 뭔가 손해 보는 것으로 오해를 한다. 예를 들면 선교사로 헌신한 나에게 누군가 어느 지역을 가고 싶은지 묻기에 "가장 더러운 나라, 가장 귀신이 많은 나라, 가장 사람들이 가기 싫어하는 나라에 가고 싶다"고 했다. 그러면 사람들이 "오, 힘든 결정했네"라고 한다. 그것은 절대 힘든 결심이 아니다. 왜냐하면 하나님이 나를 지으신 목적대로 살면 내가 행복하기 때문이다. 나에게 만족을 주기 때문에 그렇게 결정한 것이다. 내가 남보다 믿음이 좋아서가 절대 아니다.

나는 목사, 선교사가 성도들보다 믿음이 좋다고 생각하지 않는다. 하나님이 지으신 목적대로 사는 것이 믿음이 좋은 것이라고 생각한다. 우리가 창조의 목적대로 살고 하나님이 원하시는

대로 기도하고 하나님이 원하시는 대로 신앙 생활을 하는 것이 중요하다.

먼저 기도를 한번 살펴보길 원한다. 당신의 기도는 누구를 위한 것인가? 우리는 "주님 마음을 알게 해주세요"라고 기도하기보다는 내 마음을 알리는 데 바쁘다. 만약 예수님을 안 믿는 사람이 서낭당에서 물 떠놓고 "내 아들이 잘되게 해주십시오"라고 치성을 드린다고 생각해보자. 이것과 우리가 하나님께 비는 거랑 무슨 차이가 있는가?

우리가 하나님의 마음을 알고자 함이 없이 자식이 잘되고 내가 잘되는 데에만 기도를 사용하고자 한다면 서낭당에서 치성을 드리는 사람들과 다르지 않다. 물론 그런 것을 아뢰는 것이 나쁘다고는 생각하지 않는다. 나도 나의 부족한 것을 아뢰기도 한다. 그러나 보다 더 중요한 것은 우리가 하나님의 마음을 알려고 하고, 나를 향한 하나님의 뜻을 알려고 해야 한다는 것이다.

그렇다면 하나님의 뜻, 하나님의 마음이 무엇인가?

항상 기뻐하라 쉬지 말고 기도하라 범사에 감사하라
이것이 그리스도 예수 안에서 너희를 향하신 하나님의 뜻이니라
데살로니가전서 5장 16-18절

하지만 이런 구절도 있다.

오직 성령이 너희에게 임하시면 너희가 권능을 받고
예루살렘과 온 유대와 사마리아와 땅 끝까지 이르러
내 증인이 되리라 하시니라 사도행전 1장 8절

"항상 기뻐하라 쉬지 말고 기도하라"라는 구절이 있지만 "땅 끝까지 이르러 내 증인이 되리라"라는 구절도 있다.

기도가 하나님의 뜻인 것처럼 전도도 분명히 하나님의 뜻이다. 창세기 1장 1절부터 요한계시록 22장 21절까지 성경의 모든 곳에는 한 영혼이라도 더 구원하기 위한 하나님의 뜻과 계획이 증거되어 있다. 그분의 뜻은 매우 명확하다. 우리는 한 사람에게라도 더 생명의 복음을 전해야 한다. 그것이 우리를 지으신 하나님의 뜻이기 때문이다. 그리고 그분의 뜻대로 살아야만 우리가 행복할 수 있기 때문이다. 그런데도 우리는 여전히 전도를 부담스러워한다.

전도를 두려워하는 이유

나는 "저 요즘 기도가 부족했어요"라거나 "요즘 말씀을 많이 못 읽었어요"라고 말하는 성도를 많이 보았다. 하지만 "저 요즘 전도가 부족해서 전도 좀 해야겠어요"라고 말하는 성도는 보지 못했다. 이는 무엇을 의미하는가? 우리의 신앙 생활이 불균형적이라는 것이다.

신앙 생활에서 가장 중요한 것 중 하나는 '균형과 분별'이다. 아무리 열심히 믿어도 분별하지 못하면 이단으로 빠지게 되고, 균형이 없으면 건강한 신앙 생활이 어렵다. 그런데 많은 성도가 기도와 말씀에는 힘쓰면서 전도는 소홀히 한다.

왜 우리는 전도를 하려고 하지 않는가?

그리스도인의 사명

첫째, 전도에 대한 오해 때문이다. 많은 사람이 전도는 해도 되고 안 해도 된다고 생각한다. 전도는 특별히 전도에 은사가 있는 사람들만 한다고 오해한다. 그래서 자신은 전도하기 어렵다고 생각한다. 그러나 전도는 선택이 아니라 필수다. 기도는 누구나 해야 한다고 생각하지만 전도는 그렇게 생각하지 않는다. 아니다. 전도는 필수다. 왜인가? 주님이 직접 명령하신 일이기 때문이다. 그 명령은 우리가 잘 아는 말씀으로 기록되어 있다.

예수께서 나아와 말씀하여 이르시되
하늘과 땅의 모든 권세를 내게 주셨으니

그러므로 너희는 가서 모든 민족을 제자로 삼아

아버지와 아들과 성령의 이름으로 세례를 베풀고

내가 너희에게 분부한 모든 것을 가르쳐 지키게 하라

볼지어다 내가 세상 끝날까지 너희와 항상 함께 있으리라

마태복음 28장 18-20절

전도는 주님의 직접적인 명령이다. 해도 되고, 안 해도 되는 문제가 아니다. 교회에 전도를 열심히 하는 사람이 있을 때, 다른 사람들은 저 사람은 전도에 은사가 있어서 그런 것이고 본인은 은사가 없다며 안 하는 경우가 많다. 그러나 전도는 달란트의 문제가 아니다.

예를 들어 성가대 반주자가 필요하다. 그런데 피아노를 못 다루는 사람이 반주를 하겠다고 나서면 어떨까? 안 된다. 모든 성도가 시험에 들 것이다. 잘하는 사람이 맡아야 한다. 은사가 있는 사람이 해야 한다. 반주를 하는 것은 주님의 명령이 아니기 때문이다. 피아노를 잘 다루면 반주를 하고, 그렇지 않다면 다른 일로 섬기면 된다.

내 친구 중에 찬양 인도를 잘하는 자매가 있다. 그런데 그 친구는 수천 명 앞에서의 찬양 인도는 얼마든지 가능한데, 한 명 앞에서의 전도는 힘들다고 한다. 본인 성격 때문이란다. 아마 이 이야기에 공감하는 사람이 분명 있을 것이다. 그런데 이 친구

가 오해하는 게 있다. 전도를 할지, 말지 결정할 자유가 우리에 겐 없다는 것이다. 왜냐하면 전도는 주님의 직접적인 명령이기 때문이다.

믿음이 자란다

둘째, 믿음이 없기 때문이다. 전도를 해야겠다는 생각이 든다. 예수님을 믿지 않는 친구에게 주님이 필요해 보인다. 그런데 말을 못한다. 자기가 전한다고 믿을 리 없다는 생각 때문이다. 그러나 주님은 말씀하셨다.

> 예수께서 이르시되 할 수 있거든이 무슨 말이냐
> 믿는 자에게는 능히 하지 못할 일이 없느니라 마가복음 9장 23절

누구나 알지만 쉽게 믿지 못하는 말씀이다. 나는 이 말씀을 정말 믿는다. 전도할 때 나는 단 한 번도 "될까?" 하고 생각한 적이 없다. 항상 주님의 말씀을 믿고 나아간다. 상대방이 날 싫어하거나 꺼리는 듯 보여도 말씀을 믿고 나아간다.

신약성경을 보면 많은 기적이 등장한다. 혹시 '나도 신약시대에 태어났으면 기적을 체험했을 텐데 아쉽다'는 생각을 해본 적이 있는가? 나도 그런 생각을 한 적이 있다. 물이 포도주로 바뀌는 가나의 혼인잔치에 있었더라면 정말 신기했을 거라고 생각

했다. 그런데 살면서 나는 정말 많은 기적을 경험했다. 그 기적은 바로 한 영혼이 지옥에서 천국으로 옮겨지는 일이다. 이 세상에 그보다 더 큰 기적은 없다. 나는 영혼들이 변화되는 기적을 경험했다.

과연 전도하면 받아들일까? 나는 자신 있게 말할 수 있다. 전도하면 된다. 왜냐하면 전도는 내가 하는 게 아니라 성령님이 하시는 일이기 때문이다. 말주변이 없어도 걱정할 필요가 절대 없다. 내가 하는 게 아니기 때문이다. 내가 아닌 성령님이 하신다는 경험담을 이야기하자면 5박 6일이 모자랄 정도다. 나는 성령님이 하시는 걸 많이 경험했고, 성경에도 분명히 나와 있다.

여호와께서 너희를 위하여 싸우시리니 너희는 가만히 있을지니라

출애굽기 14장 14절

여호와께서 싸워주신다. 전도는 영적전쟁이다. 한 영혼을 사탄의 손에서 빼앗아 천국으로 이끄는 영적전쟁을 여호와께서 대신 치러주겠다고 하신다.

예를 들어보겠다. 나는 미국에서 공부했는데, 미국은 학비가 비싸다. 그래서 방학 때면 학비를 마련하기 위해 한국으로 돌아왔다. 하루는 학교에서 전도에 대한 강의를 들었다. 그날 교수님은 자기 부인이 전도를 더 잘한다며 부인을 교실로 초청했다.

교수님 부인의 이야기를 듣고 나는 굉장히 감동했다.

그분은 비행기를 많이 타는데, 항상 가운데 좌석에 앉는다고 하셨다. 대부분의 사람들은 창가나 복도석을 선호하지만, 자신은 불편해도 무조건 가운데 자리를 고집한다는 것이다. 그 이유는 양쪽 사람에게 전도하기 위함이었다. 자신이 한쪽에 앉아버리면 둘 중 한 사람에게는 전도를 못한다는 것이었다. 몸의 편안함보다는 말씀을 전할 기회를 얻는 데 초점을 맞추시는 그분의 모습은 내게 충격이었다. 창가석을 얻기 위해 항상 서둘러서 비행기표를 예매하는 내 모습이 부끄러웠다.

당시 나는 방학 때 한국행 비행기표를 창가석으로 예매해놓은 상태였다. 방학이 되어 한국으로 오는 비행기 안에서 마음이 불편했다. 문득 내가 그분처럼 훌륭할 수는 없겠지만, 내가 있는 자리에서 말씀을 전하자는 생각이 들었다. 그때 나는 대한항공을 타고 있었는데, 내 옆자리에 앉은 사람이 당연히 한국인일 거라 생각하고 말을 걸었다. 젊은 청년이었다. 그런데 알고 보니 중국인이었다. 완전한 공산체제 국가에서 살다 2년 동안 미국에서 유학을 하고 졸업한 뒤 2년 만에 중국으로 돌아가는 중이라고 했다.

그에게 전도를 하려고 하나님에 대해 들어본 적이 있는지 물었다. 그는 한 번도 없다고 했다. 성경책을 본 적이 있는지 물으니 평생 구경해본 적이 없다고 답했다. 미국은 기독교 국가임에도 시골에서 공부한 그는 기독교를 접할 기회가 전혀 없었던 것이다. 그래서 나는 그에게 복음을 전하기로 했다.

비행기 안에서의 전도는 정말 좋다. 도망갈 곳이 없기 때문이다. 시카고에서 서울까지 9시간 반 동안 그야말로 그는 딱 걸린 것이다. 나는 그에게 말했다.

"저는 하나님을 믿습니다. 하나님을 만난 이후로 제 삶은 정말 놀랍게 변했어요. 이렇게 좋은 것을 혼자만 아는 것이 안타까워서 남들에게도 늘 나누는데, 당신에게도 나누고 싶어요."

그는 나에게 복음을 들었고, 영접기도까지 했다. 그는 하나님을 정말 믿고 싶다고 했다. 정말 천국에 가고 싶다고 했다.

전도를 해보면, 얼마나 많은 사람이 하나님을 갈망하고 있는지 알게 된다. 얼마 전에도 믿지 않는 형제를 만났는데, 그는 자신이 현실적인 사람이기 때문에 하나님을 믿지 못하겠다고 했다. 그래서 나는 이렇게 말했다.

"천국과 지옥이 현실인데 그것을 모르신다니 정말 비현실적이네요. 제가 당신을 위해 기도해드려도 될까요?"

처음 본 그를 위해 기도해주는데, 놀랍게도 그가 눈물을 흘렸다. 나는 그가 하나님을 믿지 않는다고 말했지만 마음 깊은 곳에 하나님에 대한 갈망이 있음을 느꼈다. 전도할 때 그 결과를 염려하지 말라. 사람들은 의외로 자신의 영혼에 관심을 가져주기를 바라고 있다. 우리가 전하지 않아서 그들이 주님을 모르고 사는 것이다. 그러니 우리는 언제 어디서나 주님을 전해야 한다.

양산에 유명한 암센터가 있어서 그곳에서 열흘을 지내려고 갔다(이 암센터는 병원이 아니라 암환자들이 섭생에 대한 강의도 듣고 요양하러 오는 곳이다_편집자 주). 내가 제일 어린 환자일 줄 알았는데, 가니까 스물네 살짜리 청년이 대장암 말기로 와 있었다. 그 청년을 보니 창자가 끊어지는 듯했다. 한참 아무 생각 없이 행복하게 보낼 좋은 시기인데 암에 걸린 그 심정이 어떨지, 그 어머니의 심정은 어떨지 안타까웠다. 그를 본 첫날부터 그에게 복음을 전하기로 마음먹었다.

그런데 그에게 복음을 전하기가 쉽지 않았다. 왜냐하면 둘이 있어야 전도를 할 텐데, 그럴 기회가 없었기 때문이다. 암센터의 환자들이 대부분 아줌마들이어서 그런지 모두 젊은 청년을 둘러싸고 놓질 않았다. 내가 안타까움에 발을 동동 구르는 사이 시간만 지나갔다. 이대로 열흘이 지나가버릴까 봐 초조했다. 그러다 놀라운 이야기를 전해 들었다.

내 룸메이트 자매도 전도에 열정이 있는 자매였다. 하루는 그곳 사람들이 함께 등산을 갔는데, 내가 너무 아파서 하루 빠진 날 룸메이트 자매가 등산에 갔다 오더니 너무 좋아하면서 그 형제가 예수님을 영접했다고 말했다. 자매 역시 나처럼 첫날부터 형제에게 복음을 전하기로 마음먹은 상태였는데, 그동안 아줌마 군단을 뚫지 못해 복음을 전하지 못했다고 했다.

원래 등산을 가면 다 함께 올라가니까 단둘이 이야기하기가 쉽지 않은데, 그날따라 빨리 걷거나 뒤처지는 사람들이 생겨서 중간에 그 형제랑 자매 딱 둘만 남았다는 것이다.

자매는 행위로는 절대 구원받을 수 없으며 복음은 주님이 주신 선물이라고 하면서 그 선물을 받겠느냐고 물었다. 그러자 형제가 이렇게 답했다.

"그렇게 좋은 선물을 안 받는 사람도 있어요?"

그 이야기를 듣고 내가 얼마나 울었는지 모른다. 정말 감격적이었다. 성령님이 하신 일이었다. 나와 자매 안의 동일하신 성령님이 어떻게 해서든 그에게 복음을 전할 기회를 만드셔서 구원하신 것이었다. 그러므로 우리는 절대 전도의 결과를 놓고 고민할 필요가 없다.

작은 행동도 열매가 된다

셋째, 어설픈 전도로 하나님의 영광을 가릴까봐 두렵기 때문이다. 예를 들어 전철을 타면, "예수 천당, 불신 지옥!"을 외치는 사람을 만난다. 그러면 같은 신자임에도 혀를 내차는 분들이 있다. "쯧쯧, 저렇게 해서 전도가 되겠어? 저건 오히려 교회를 욕 먹이는 짓이지."

그러나 나는 그것이 하나님의 영광을 가리는 행동이라고 생각하지 않는다. 성령님이 역사하신다면, 그 "예수 천당, 불신 지옥"의 피켓을 보는 것만으로도 마음에 찔림을 받아 예수님을 믿는 사람이 있을 거라고 생각한다. 비록 그것을 보고 눈살을 찌푸리는 사람이 있을지라도, 성령님께서 원하시면 그 눈살을 찌푸리는 이의 마음도 얼마든지 바뀔 수 있다. 중요한 것은 우리가 성령님께 순종해서 전하는 것이다.

내가 아는 목사님 한 분은 전에 기독교를 엄청 싫어하는 사람이었다. 기독교라는 말만 들어도 치를 떨었다. 그런데 길거리를 지나다가, 몸도 제대로 못 가누는 뇌성마비 자매가 커다란 나무를 붙잡은 채 잘 움직이지도 않는 혀를 굴려가며 "예수님 믿으세요"라고 외치는 소리를 듣게 되었다. 그 소리를 듣자마자 갑자기 무언가가 자신의 몸을 칼로 확 찌르는 것 같았고, 눈물이 왈칵 쏟아졌다고 한다. 그분은 예수님을 영접했고, 결국 목사가 되었다.

우리의 말주변, 성격, 부족함 등은 전도하는 데 아무런 문제가 되지 않는다. 성령님께서 하시기 때문이다. 그래서 주님의 영광을 가릴까봐 걱정할 필요가 전혀 없다.

내가 굉장히 좋아하는 이야기 하나를 하겠다. 호주에 살았던 프랭크 제너는 젊은 시절 방탕한 삶을 살았다. 그러다 예수님을 믿게 되었는데, 방탕하게 살다가 믿은지라 그 은혜가 정말 컸다. 제너는 매일 열 명에게 길거리에서 복음을 전하기로 약속했다. 그의 전도는 거창한 것이 아니었다. 그저 우리나라의 명동처럼 관광객이 많이 모이는 곳에서 열 명에게 세 가지 질문을 했을 뿐이었다.

"당신은 구원을 받았습니까? 당신은 예수님을 영접하셨습니까? 당신이 만약 오늘 밤 죽는다면, 천국에 갈 수 있습니까?"

그는 40년 동안 14만 6천 명에게 이 질문을 던졌다. 그러나 "당신 덕분에 제가 예수님을 믿게 되었습니다"라고 말해주는 사람을 단 한 명도 만나지 못했다. 일흔이 넘은 그는 몹시 슬픈 마음으로 죽을 날을 기다리고 있었다.

그런데 그 시각, 영국에서는 흥미로운 사건이 하나 일어났다. 한 교회에서 목사님이 예배를 마치면서 기도를 하려는데, 어떤 사람이 손을 들며 잠깐 간증을 하겠다고 일어났다. 3분의 시간을 그에게 주었는데, 그의 이야기가 놀라웠다. 자신이 호주에 놀러갔다가 조지 가(街)에서 질문을 던지는 사람을 만났는데, 그 질문을 듣고 마음에 찔림을 받아 예수님을 영접하게 되었다는 이야기였다.

그 간증을 들은 목사님은 얼마 후, LA와 퍼스에서 집회를 하게 되었는데, 그곳에서 똑같은 간증을 하는 사람을 열 명이나 보게 되었다. 참 신기한 일이라고 생각하며 미국의 군종 목사들 모임에서 그 이야기를 했는데, 호주에 놀러갔다가 조지 가에서 같은 질문을 듣고 예수님을 영접하여 목사가 되었다는 사람을 다섯 명 만나게 되었다. 그는 놀라움을 금치 못했고, 세계선교 대회에서 그 이야기를 또 했는데, 조지 가에서 복음을 듣고 선교사가 되었다는 사람을 다섯 명이나 만나게 되었다.

그뿐이 아니었다. 인도에서 만난 기독교인에게 힌두교 나라에서 어떻게 예수님을 믿게 되었는지 물어보니, 외교관이 되어 간 호주에서 어떤 이의 질문을 듣고 마음에 찔림을 받아 믿게 되었다는 이야기를 듣게 된 것이다. 그는 놀라지 않을 수가 없었다. 그는 호주로 가서 조지 가에서 복음을 전한다는 사람을 수소문했다. 그렇게 제너의 집을 찾아가 자신이 들은 이야기를 전했고, 열매가 없어 속상해하던 제너는 감사하고 기쁜 마음으로 2주 후 평안하게 눈을 감을 수 있었다.

전도했는데 응답이 없고 열매가 없다고 생각될 때가 있다. 공허한 외침은 아닌가 싶을 때도 있다. 그러나 하나님은 우리의 작은 행위를 통해서도 열매를 맺으신다. 우리는 그저 씨를 뿌리기만 하면 된다. 열매가 눈으로 보이지 않는다고 좌절할 필요가 전혀 없다.

세상을 이긴다

넷째는 남들의 시선 때문이다. 우리는 복음을 전할 때 상대방이 자신을 미쳤다고 보지 않을까, 싫어하지는 않을까 두려워한다. 직장 생활하는 사람에게 회사 동료에게 전도하라고 하면 부담스러워한다. 회사 사장님 눈 밖에 날까 염려한다. 그러나 성경은 이렇게 말한다.

> 세상이 너희를 미워하면 너희보다 먼저 나를 미워한 줄을 알라
>
> 요한복음 15장 18절

전도를 했는데 상대방이 당신을 싫어한다고 상처받을 이유가 전혀 없다. 그는 당신을 싫어하는 것이 아니다. 예수님이 이 세상에 오셨을 때 사람들은 "호산나!" 하면서 그분을 찬양했다가, 사흘도 안 되어서 십자가에 못 박으라고 외쳤다. 왜 그랬을까? 그들이 예수님을 미워했기 때문이다. 왜 미워했는가? 어둠 가운데 있던 자신이 빛 되신 예수님 앞에서 훤히 드러나니까 그랬다. 그래서 예수님을 죽이기까지 했다. 그러므로 빛 가운데 사는 우리를 세상이 미워하는 것은 당연하다. 세상이 환영한다면 오히려 우리는 자신을 돌아봐야 한다. 전도해서 상대방이 나를 싫어할까봐 두려워하지 말라. 다음은 우리가 잘 아는 말씀이다.

> 너희는 세상의 소금이니
>
> 소금이 만일 그 맛을 잃으면 무엇으로 짜게 하리요
>
> 후에는 아무 쓸 데 없어 다만 밖에 버려져
>
> 사람에게 밟힐 뿐이니라 마태복음 5장 13절

그런데 우리는 그 앞 구절에 주목해야 한다.

의를 위하여 박해를 받은 자는 복이 있나니
천국이 그들의 것임이라
나로 말미암아 너희를 욕하고 박해하고
거짓으로 너희를 거슬러 모든 악한 말을 할 때에는
너희에게 복이 있나니 기뻐하고 즐거워하라
하늘에서 너희의 상이 큼이라
너희 전에 있던 선지자들도 이같이 박해하였느니라

마태복음 5장 10-12절

전도를 했는데 상대방이 당신을 싫어하는 것 같으면, 성경에서 말하는 대로 기뻐하라.

나는 길거리 전도를 많이 하는데, 욕을 자주 먹는다. 그럴 때 나는 기쁘다. 왜냐하면 하늘에서 나의 상이 클 것이기 때문이다. 이 땅에서의 상은 좋은 게 아니다. 길어야 100년밖에 못 사는데, 그 잠깐의 상보다는 영원히 지속되는 상이 훨씬 좋지 않겠는가. 나는 복음 전하는 일이라면 먼 교회라도 가고 작은 교회라도 간다. 한 명이 있어도 간다. 그 한 명이 천하보다 소중하기 때문이다.

지혜 있는 자는 궁창의 빛과 같이 빛날 것이요

많은 사람을 옳은 데로 돌아오게 한 자는

별과 같이 영원토록 빛나리라

다니엘서 12장 3절

부동산이나 주식에 투자할 때 수익이 커질 만한 걸 사야 한다. 그러나 그것들 모두 언젠가는 썩어 없어진다. 우리는 영원히 남는 것에 투자해야 한다. 영원히 남는 것은 생명의 복음을 전하는 것이다.

천국은 의를 위하여 박해를 받는 자의 것이라고 했다. 이는 의를 위하여 박해를 받고 있지 않다면 천국이 우리 것이 아니라는 말씀이다. 우리는 의를 위하여 박해를 받아야 하고, 그것을 기뻐해야 한다. 전도를 두려워하지 말라.

영적 전쟁에서 승리한다

다섯째, 사탄의 공격 때문이다. 나는 전도를 하면서 하나님의 살아 계심도 많이 느끼지만, 사탄의 실제도 정말 많이 느낀다. 전도할수록 전도가 영적전쟁임을 실감한다. 깨어 있는 삶을 사는 사람일수록 영적전쟁을 많이 경험할 수밖에 없다. 전도를 하면 반드시 사탄의 존재를 느끼게 된다.

내가 어릴 때 한 집사님은 하나님의 크신 은혜를 믿고 전도에 목숨을 바쳤다. 2천 명 이상이 그분을 통해 예수님을 영접했다. 내가 초등학교 5학년 때 그분은 내게 한 가지 이야기를 해주셨다. 전도를 열심히 하고 집으로 돌아가면, 사탄이 자신을 미워해서 머리를 잡아당긴다는 이야기였다. 그 이야기는 공포영화 광고도 못 볼 정도로 겁 많던 나에게 큰 충격이었다.

그러다 내가 전도를 열심히 하게 되면서 놀라운 일이 벌어졌다. 누구를 만나 복음을 전하러 가려고 버스를 타면, 버스에서 사탄이 내 목을 졸랐다. 농담이 아니다. 처음에 그 일을 당했을 때는 깜짝 놀랐다. 내가 죽을병에 걸린 건 아닌지 염려했는데, 그 집사님이 생각나서 예수님의 이름으로 사탄을 물리치는 기도를 했다. 기도하니 사탄이 물러갔다. 그런 일은 계속 반복되었다. 공격이 유독 심한 날은 전도 대상자가 늘 영접을 했다. 그때 나는 전도가 정말 영적전쟁임을 실감했다.

어릴 때 나는 집사님 이야기를 듣고 전도하면 사탄에게 머리를 잡힐까봐 두려워했다. 하지만 커서 깨달은 것은 이 전쟁을 두려워할 필요가 전혀 없다는 것이었다. 오히려 기뻐해야 마땅했다. 왜냐하면 그 전쟁은 이미 승리가 예정되었기 때문이다. 우리는 한일전 축구 경기만 봐도 손발이 오그라든다. 결과를 모르기 때문이다. 하지만 이기는 걸 알고 보는 경기라면 여유 있게 볼 것이다. 전도도 마찬가지다. 승리가 예정되어 있기 때문에 영적전쟁을 기쁘게 맞이할 수 있다.

요한계시록 19장 11절 이하를 보면, 전쟁이 벌어지는데 전투가 없다. 전쟁이 시작됨과 동시에 끝이 난다. 왜냐하면 게임이 안 되기 때문이다. 하나님께 사탄은 게임이 안 되는 상대이기 때문에 전쟁이 일어나자마자 끝나버리는 것이다. 우리는 승리가 예정된 전쟁에 동참만 할 뿐이다.

자신의 성격이 내성적이라 전도를 못한다고 생각하는 분이 있다. 이 또한 사탄의 속임수다. 나 역시 내성적인 사람이었다. 얼마나 내성적인지 초등학교 다닐 때 선생님이 출석을 부르시는데 대답을 못했다. 속 터진 엄마가 학교까지 찾아왔지만 대답을 결국 못했다. 그런 내가 열두 살 때부터 길거리 전도를 시작했다. 내성적이라도 얼마든지 전도할 수 있다. 성령님이 하시는 일이기 때문에 가능하다.

이는 물과 피로 임하신 이시니 곧 예수 그리스도시라
물로만 아니요 물과 피로 임하셨고
증언하는 이는 성령이시니 성령은 진리니라 요한일서 5장 6절

내가 하는 것이 아니기 때문에 내성적인 성격이라고 두려워할 필요가 전혀 없다. 우리에게 하나님이 필요한 것이지, 하나님은 우리가 필요 없으시다. 하나님은 우리 없이도 얼마든지 복음을 전하실 수 있다.

내가 너희에게 이르노니 하나님이 능히 이 돌들로도
아브라함의 자손이 되게 하시리라 누가복음 3장 8절

하나님은 혼자 무엇이든 하실 수 있다. 그럼에도 우리가 전도
해야 하는 이유는 무엇인가? 하나님이 우리의 동참을 기뻐하시
기 때문이다. 하나님은 우리를 사용하는 것을 기뻐하신다. 자
녀가 그분과 함께하길 원하신다. 그래서 우리는 전도해야 한다.

낙심하지 않는다

여섯째, 전도를 시도했다가 상처받은 기억 때문이다. 교회에
서 전도축제를 한다고 해서 용기 내어 초대했는데, 거절당한 경
험이 누구나 있을 것이다. 작년에 거절을 당해서, 올해는 초대
하고 싶지가 않다. 그러나 전도했다가 거절당한 경험이 있어도
낙심하지 말라. 조사를 해보면, 평균 일곱 번을 들어야 영접을
한다고 한다. 평균 일곱 번이라는 것은 열댓 번을 들어야 영접
하는 사람도 있다는 뜻이다.

상대방이 영접을 안 하더라도 전도에는 늘 의미가 있다. 꼭
나를 통해 열매를 보지 못하더라도, 어느 누군가 그에게 일곱
번째로 전도를 해서 그가 예수님을 영접하게 될 수도 있다. 그
러니 전도했다가 거절당하더라도 절대 낙심할 필요가 없다.

흉내낼 수 없는 복음의 능력

일곱째, 삶으로 전도해야 한다고 믿기 때문이다. 성도가 거룩한 삶을 살아야 하는 것은 분명하다. 그것은 의심의 여지가 없는 일이다. 그러나 그것이 전도를 안 하는 핑계가 될 수는 없다. 왜냐하면 다음 말씀이 분명히 말하기 때문이다.

누구든지 주의 이름을 부르는 자는 구원을 받으리라
그런즉 그들이 믿지 아니하는 이를 어찌 부르리요
듣지도 못한 이를 어찌 믿으리요
전파하는 자가 없이 어찌 들으리요 로마서 10장 13,14절

성경은 듣지 못하면 믿을 수가 없다고 분명히 말한다. 전파하는 자가 없는데 어찌 사람들이 들을 수 있겠는가? 다음 말씀도 이를 분명히 말한다.

그러므로 믿음은 들음에서 나며
들음은 그리스도의 말씀으로 말미암았느니라 로마서 10장 17절

믿음은 들음에서 난다. 예수 그리스도를 믿는 자의 삶이 다르다는 것을 보여줌으로써 전도한다는 태도는 정말 좋다. 하지만 우리는 꼭 입으로도 전해야 한다.

보내심을 받지 아니하였으면 어찌 전파하리요 기록된 바

아름답도다 좋은 소식을 전하는 자들의 발이여 함과 같으니라

로마서 10장 15절

좋은 소식을 전하는 자들의 입이라고 하지 않고, '발'을 이야기한다. 왜 발이라고 했을까? 발로 찾아나서야 하기 때문이다. 복음이 필요한 자들을 발로 찾아나서야 한다.

마음속에 전도하고 싶은 사람이 있는데 아직 친한 것 같지 않으니 내년에 초청해보자는 식으로 전도를 미루려고 하지 말라. 요한계시록 22장 20절에서 주님이 "내가 진실로 속히 오리라"고 하셨는데, 주님이 올해 오시면 어떻게 하는가?

어떤 사람은 이렇게 생각할지도 모르겠다. '2천 년이 지났는데도 여태 안 오셨는데, 올해 오시겠어?' 하지만 생각해보라. 버스를 기다리고 있는데 버스가 안 온다. 버스 회사에 전했더니 곧 올 거라고 한다. 그래서 기다리는데도 버스가 오지 않는다. 그렇다면 택시를 타야 하는가? 아니다. 택시를 타면, 2천 원에 갈 거리를 3만 원을 내고 가게 된다.

아주 오랫동안 기다렸다는 것 자체가 버스가 올 확률이 높아졌음을 의미한다. 2천 년 동안 오지 않으셨는데 속히 오시리라 말씀하셨다는 것은 주님이 오실 때가 가까워졌다는 뜻이다.

그러니 전도를 절대 미루지 말라. 주님이 오지 않으신다 해도

전도 대상자 또는 내가 갑자기 먼저 죽을 수도 있는 노릇이다. 우리는 오늘 죽을지 내일 죽을지 모른다. 암에 안 걸렸다고 해서 암환자보다 오래 산다는 보장이 없다. 우리는 항상 급한 마음으로 전도를 해야 한다. 언제 예수님이 오실지 모르고, 언제 내가 죽을지 모른다. 날마다 삶 속에서 정말 갈급한 마음으로 복음을 전해야 한다.

어떤 사람들은 이렇게 생각한다. '나 먹고 살기도 힘든데, 내 상황도 모르면서 사치스럽게 내게 전도에 대해 말하는 것이냐?' 그러나 우리가 우리의 삶에 집중하면 살기가 더 힘들다. 우리가 하나님의 뜻을 이 땅에 실현할 때 오히려 우리의 삶이 행복하고 성공적일 수 있다.

나는 극심한 고통 속에서 언제 죽을지 모르는 상황이지만, 주님 때문에 행복하고 주님 때문에 기쁘며 주님 때문에 즐겁다. 이는 오직 복음의 능력 때문에 가능한 일이다. 나는 내 상황과 상관없이 복음의 능력으로 기쁨을 선택했고, 행복을 선택했으며, 감사를 선택했다.

당신에게 지금 어떤 어려움이 있거나 행복하지 않다면, 다른 해결책을 구하지 말고 주님을 구하라. 그분 앞으로 나아가라. 그분이 기다리고 계신다. 그분이 목숨을 버리면서 우리에게 주신 그 생명을 다른 사람들에게 전하라. 주님이 우리에게 주신 그 생명을 나눌수록 더욱 풍성해지는 것을 느낄 것이다. 그 풍성한 생명 속에서, 세상이 알 수도 없고 흉내 낼 수도 없는, 참된 만족과 넘치는 기쁨과 진정한 행복을 얻게 될 것이다.

영원히 남는 가장 큰 성공

마지막으로 짐 엘리엇의 이야기로 마무리하겠다. 그는 남미 에콰도르의 아우카 부족에게 복음을 전하려다 29세의 나이에 순교했다. 함께 갔던 동료 선교사 4명도 같이 순교했다. 그곳에 가자마자 어떤 일도 하지 못하고 성경도 건네지 못하고 죽은 것이다.

그때 미국 매스컴은 "이게 무슨 낭비인가"라며 비난했다. 당시 그 식인 부족이 악랄하기로 유명했기 때문에 나라에서도 가지 말라고 했는데도 갔다며 비난했다. 그 젊은이들은 창과 도끼로 살해당했는데, 당시 그들에게는 총이 있었다. 총을 쏘면 살 수 있었는데도 죽음을 택한 것이었다.

그후 그 선교사의 아내들이 아우카 부족을 찾아가 섬겼다. 그 부족은 여자는 죽이지 않는 풍습이 있었다. 그 여인들이 자신들을 너무 잘 섬겨주자 부족 사람들이 관심을 보이기 시작했다. 짐 엘리엇의 부인은 자신들이 아우카 부족의 손에 죽은 남자들의 부인이며, 그 다섯은 부족에게 하나님을 전하기 위해 왔음을 이야기했다. 결국 부족원이 전부 예수 그리스도를 영접했고, 엘리엇을 찍어 죽인 사람은 목사가 되었다.

매스컴의 비판대로 짐 엘리엇이 어리석은 사람이었을까? 아니다. 그는 지혜로운 사람이었다. 그가 한 유명한 말이 있다.

"영원한 것을 얻기 위해 영원하지 않은 것을 버리는 자는 결코 어리석은 자가 아니다."

가장 큰 성공은 영원히 남을 것에 투자하는 것이다. 진정 성공하고 싶고 행복해지고 싶다면, 썩어 없어질 것이 아니라 영원히 남는 것에 투자하라.

8
chapter

고난 중에
기뻐하라

그러므로 우리가 믿음으로 의롭다 하심을 받았으니

우리 주 예수 그리스도로 말미암아 하나님과 화평을 누리자

또한 그로 말미암아 우리가 믿음으로 서 있는

이 은혜에 들어감을 얻었으며

하나님의 영광을 바라고 즐거워하느니라

다만 이뿐 아니라 우리가 환난 중에도 즐거워하나니

이는 환난은 인내를, 인내는 연단을,

연단은 소망을 이루는 줄 앎이로다

소망이 우리를 부끄럽게 하지 아니함은

우리에게 주신 성령으로 말미암아 하나님의 사랑이
우리 마음에 부은 바 됨이니 로마서 5장 1-5절

이 말씀을 들으면 솔직히 부담스럽다. 누가 고난을 좋아하겠는가. 고난은 다 싫어한다. 나는 이 말씀이 어릴 때부터 이해되지 않았다. 그러다가 어느 날 이 구절이 이해되는 순간이 왔다.

20여 년 전에 엄마가 갈색 강아지를 선물로 받았다. 나는 원래부터 강아지를 좋아하는 사람이라, 그 강아지를 너무 사랑했다. 우리 집에 온 지 얼마 되지 않아 산책을 시키는데 절뚝거려서 병원에 데려갔더니 슬개골이 탈골되서 그냥 두면 주저앉고 앞발로만 살게 된다고 했다. 그때 우리 집안 사정이 좋지 않아서 수술비나 입원비를 쓰는 것이 부담이었다. 그렇지만 우리는 수술을 시켰다.

나는 그때 사법고시를 준비하기 위해 신림동에 살고 있었다. 그럼에도 나는 강아지가 수술이 잘되었나 걱정이 돼서 두 시간이나 걸려서 왔다. 면회시간은 딱 10분이었다. 나는 강아지가 나를 너무 좋아하니까 날 만나면 반가워할 줄 알았다. 그런데 날 보더니 강아지가 고개를 휙 돌려버렸다. 얘는 내가 자기를 버렸다고 생각한 것이다. 두 시간 걸려서 보러 왔는데 냉대받으니 속상해서 눈물이 핑 돌았다. 그날 하나님의 마음을 생각하며 밤새 한숨도 안 자고 펑펑 울었다.

'내 인생의 어떤 시점에서 하나님도 날 수술하고 있었구나! 그런데 내 입장에서는 그걸 몰랐구나.'

강아지에게 수술은 고난이었다. 다리를 째고 아프게 하니 얼마나 힘들었겠는가. 하지만 이것은 강아지가 더 건강해지기 위한 과정이었다. 마찬가지로 고난이 우리에게 그런 과정인데 그 안에 있을 때는 잘 알 수 없다. 수술이 끝나고 회복기를 거쳐 건강해지고 난 후에야 '아, 그게 좋았나?' 하고 깨닫는 게 사람이다.

이 본문이 말하고자 하는 것은 아주 간단하다. 우리가 고난 중에도 기뻐해야 된다는 말이다. 왜냐하면 하나님이 그 고난을 통해 사랑으로 우리를 변화시키기 때문이다. 물론 우리는 변화되고 싶지 않고, 고난도 싫어하지만 하나님은 우리를 사랑하시기 때문에 내버려둘 수 없다. 나도 강아지가 곧 다리를 질질 끌고 다닐 것을 알았기 때문에 수술을 시켰다. 우리 중에 고난이 좋은 사람은 없지만 고난이 왔을 때 이것을 알고 기뻐하고 감사해야 한다. 그 이유가 무엇인지 구체적으로 살펴보기로 하겠다.

고난 중에 더 강해지는 사람

첫 번째, 인내를 낳기 때문에 고난 중에 기뻐해야 한다.

물론 당신은 인내를 갖고 싶지 않을 수 있다. 그런데 이 인내가 왜 필요할까. 우리는 다 자기가 믿음이 있고, 구원의 확신이 있다고 생각하는데 눈을 떴을 때 지옥일 수도 있다. 그런 걱정 없이 나는 진짜 구원받은 믿음이 있다는 것을 확인해야 평안하고 기쁠 것이다.

고난이 왔을 때 영생을 받은 사람만이 갖는 믿음의 필수조건이 인내다. 이 인내를 주님께 보인 사람만이 진짜 구원받은 사람이다. 많은 사람들은 자녀가 대학에 잘 가고 돈을 많이 벌면 주님을 찬양하다가 고난당하면 새벽기도 나와서 "주여, 도와주시옵소서!" 한다. 나는 이런 모습이 진정한 믿음이라고 생각하지 않는다. 물론 주님은 새벽에 부르짖으면 도와주신다. 하지만 그것은 사랑하시니까 도와주시는 것이지 그 사람이 믿음이 있어서는 아니다. 하나님은 믿음이 없어도 다 사랑하신다.

예를 들어 내 친구가 자기가 마라톤 선수라고 한다. 평상시에는 잘 뛴다. 그런데 비가 오면 42.195km를 못 뛴다고 생각해보라. 이 사람이 마라톤 선수일까? 고난 중에도 똑같은 믿음과 인내를 보일 때에만 진정한 믿음의 경주를 하는 사람이다. 그래서 우리가 주님 안에서 인내하지 않는다면 구원받은 믿음이 아님을 신약에서 굉장히 많이 강조한다.

사실 고난이 오면 내 믿음을 테스트할 귀한 기회를 갖게 되는 것이다. 더 감사한 것은 인내를 보였을 때 인내가 고난을 통해 더 강해진다. 그럼 앞으로 더 강도 높은 고난이 와도 더 쉽게 견딜 수 있다.

물론 당신은 인내를 별로 키우고 싶지 않을 수도 있지만 우리는 주님의 길을 따라가야 한다. 주님이 인내의 끝을 보여주셨고 겸손의 끝을 보여주셨기 때문에 우리도 그 길을 소망해야 한다. 주님의 길을 소망하지 않고 주님으로부터 축복만 누리면서 예수님을 믿는다고 생각하는 사람은 주님의 자녀가 아니다.

우리는 작은 고난부터 시작한다. 초등학교 때 겪은 고난을 지금 생각해보면 웃기지만 그때는 심각했다. 고난이 점점 더 커지는 것이다. 그 커지는 고난 속에서 점점 인내를 키워야 한다. 그러면 인내를 키워서 무엇을 해야 하는가?

구원은 단번에 이루어지는 것이면서 주님 앞에 가는 날까지 이루어가는 측면이 있다. 한번 영접기도를 한 것만으로 천국에 간다고 생각하는 것은 착각이다. 주님 앞에 가는 그날까지 믿음을 지켜야 되는데, 끝까지 갈 힘은 고난 중에 생긴 인내로만 가능하기 때문이다.

그래서 연약함을 기뻐해야 한다. 우리가 천국에 들어가는 순간까지 경주를 마칠 힘을 만들어주기 때문이다. 모든 일이 잘되는데 주님 앞에 가는 날까지 예수님 뒤만 따를 수 있는 사람은 없다. 의인은 없나니 하나도 없기 때문이다. 인내를 고난으로 키워야 한다.

새로운 인격 선물받기

두 번째, 인내를 통해 연단을 받기 때문에 고난 중에 기뻐해야 한다. 연단에 대한 해석이 애매한데 원문의 뜻은 인내를 통해 나온 우리의 새로운 품성, 인격을 말한다. 우리가 고난을 당하고 그 고난을 패스하게 되면 새로운 인격을 갖게 된다.

그런데 문제는 고난을 겪었다고 다 성숙해지는 게 아니라는 사실이다. 성질이 더 더러워지는 경우도 굉장히 많다. 바르게 반응하는 것이 중요하다.

고난이 왔을 때 무조건 참는다고 주님이 원하시는 성품이 만들어지는 것이 아니다. 그러면 어떻게 해야 하는가? 고난이 오면 예수님과의 관계에 공격을 받게 된다. 사탄이 그 기회를 놓치지 않기 때문이다. 우리는 힘들어져서 주님을 원망하거나 의심할 수도 있는데, 이를 사탄이 자꾸 공격한다. 계속해서 하나님의 선하심과 약속에 대해서 의심하게 되고 쓴뿌리가 생기고 절망하게 되면 오히려 고난이 그에게 파멸이 된다. 고난을 받지 않는 것이 낫다.

그럼에도 고난이 오면 어떻게 해야 하는가? 확신과 기쁨으로 그것을 맞이해야 한다. 확신과 기쁨으로 반응하게 되면 아주 가치 있는 영적 품성을 갖게 된다. 많은 고난을 올바른 태도로 반응한 사람만이 영적으로 가치 있는 품성을 갖게 된다. 그래서 우리가 고난에 대해 올바르게 반응하고 감사해하며 이해되지 않을지라도 신뢰하고 나아갈 수 있어야 한다. 하나님은 절대 우리를 실망시키지 않기 때문이다.

지금 속으로 '나 실망 많이 했는데?'라고 생각한다면 그 당시에는 안 보이기 때문이다. 하지만 결국에 하나님은 우리를 실망시키지 않으시고 우리에게 가장 좋은 것만 주신다. 누군가는 이렇게 반문할 수도 있다. "제가 어릴 때 엄마, 아빠 두 분 다 돌아가셨는데 이게 어떻게 나한테 가장 좋은 겁니까?" 나의 대답은 그것이 가장 좋은 것일 수 있다는 것이다. 하나님 안에서 불가능이 없다. 그래서 고난이 오면 우리는 올바르게 확신과 기쁨으로 그것을 받아야 한다.

나는 고난을 겪으면서 두 가지를 깨달았다. 하나는 '주님 없으면 나는 아무것도 아니구나'라는 것과 또 하나는 '주님 없으면 나는 아무것도 할 수 없구나'라는 사실이다. 내가 아무것도 아닌 것을 깨닫게 되니까 주님 때문에 내가 너무 특별한 사람인 거다. 그 전에 나는 자존감이 아주 낮았다. 그런데 아이러니한 것이 내가 아무것도 아니라는 진리를 깨닫게 되니까 내가 주님 안에서 얼마나 소중한 존재인지 알게 되었다.

요즘 자존감이 낮은 사람들이 많다. 자존감을 회복하는 길은 돈을 많이 벌고 성공하는 데 있지 않다. 진리를 만나야 한다. 난 아무것도 아니지만 주님이 '넌 나의 모든 것'이라고 불러주셨고 난 아무것도 할 수 없지만 주님이 '넌 모든 것을 할 수 있다'고 말씀하셨음을 깨닫는 것이다.

또 내 자신이 주님 앞에 너무 부끄럽고 더러워서 못 나갈 때가 있다. 기도를 하자니 내가 너무 뻔뻔해 보인다. 그런데 주님이 말씀하신다.

'내가 내 의로 너희를 깨끗하게 했기 때문에 한 점 더러움이 없다. 내가 내 의로 너희를 입혔기 때문에 어떤 누구도 너희를 나에게서 빼앗아갈 수 없다.'

이렇게 말씀하시는 주님을 기억해야 한다. 자꾸 내 과거, 내 부족함, 내 연약함을 되새길 필요가 없다.

우리는 주님 안에서 이제 연약하지 않다. 우리는 주님 안에서 모든 것을 할 수 있다. 그래서 마음에 좌절이 올 때면 하나님이 나를 어떻게 보시는가를 봐야 한다. 솔직히 내가 나를 보면 설교할 수 없다. 아무것도 못한다. 만약 당신이 과거에 막 살았는데 교회에서 아무것도 모르고 당신한테 리더를 시켰는가? 고민하지 말고 이 말씀을 선포하라.

너희는 이전 일을 기억하지 말며 옛날 일을 생각하지 말라

보라 내가 새 일을 행하리니 이제 나타낼 것이라

너희가 그것을 알지 못하겠느냐

반드시 내가 광야에 길을 사막에 강을 내리니

이사야서 43장 18,19절

당신에게 연약하고 부족하며 부끄러운 과거가 있을지라도 성령의 이름으로 지워버리라. 오직 광야에 길을 내고 사막에 강을 내시는 그 주님만 바라보라.

결론적으로 나는 내가 아무것도 아님을 알게 되니 고난이 두렵지 않았다. 우리가 고난을 기뻐해야 하는 이유는 인내를 낳게 되고, 영적으로 가치 있는 품성을 갖게 되며, 그로 인해 주님께 영광을 돌릴 수 있기 때문이다.

더 큰 소망과 확신

세 번째, 연단은 소망을 이루기 때문에 고난 중에 기뻐해야 한다. 우리가 믿음과 소망과 사랑 중에 제일은 사랑이라고 하니까 당장 소망이 소홀히 생각된다. 성경은 연단이 소망을 낳는다고 한다. 앞서 말했지만 우리가 올바른 반응을 했을 때만 그 소망이 우리 안에서 나온다. 그리고 그 고난이 소망에 대한 확신을 더 강하게 해준다.

그런데 이 소망은 단순한 긍정적 사고와는 다르다. 우리가 왜 이런 인내와 고난을 통해 소망을 낳아야 하는가?

형제들은 잘 알 것이다. 근육을 만들려고 열심히 운동해서 근육이 생겼다가 운동을 멈추면 순식간에 사라진다. 만들기는 힘들지만 없애는 것은 쉽다. 마찬가지다. 우리가 소망을 사용하지 않기 때문에 마음에 소망이 없다. 우리가 고난 중에 강한 용기와 확신으로 이 소망을 발휘해야 더 큰 소망과 확신을 갖게 된다. 그래서 이 소망이 굉장히 중요하다. 우리가 바라는 목표를 잃지 않기 위해서.

하나님은 우리가 현재뿐 아니라 미래에 대해서 확신을 갖기 원하신다. 우리의 소망으로 보이지 않는 것을 믿게 된다. 하나님의 능력과 자원함, 즉 하나님이 얼마나 우리를 도와주고 싶어 하시는지를 진심으로 믿게 되는 것이다. 긍정적 사고가 아니라 꼭 이루어질 것이라는 주님 안에서의 믿음을 갖게 된다.

그러면 긍정적 사고와 소망의 차이는 무엇인가. 지금 말한 고난이 왔을 때 긍정적 사고는 단숨에 사라진다. 그러나 진정한 소망은 고난에도 사라지지 않는다. 그래서 우리는 소망을 가져야 한다.

폭포수 같은 주님의 사랑을 느끼며

네 번째는 소망이 우리를 실망시키지 않기 때문에 고난 중에 기뻐해야 한다. 왜 실망시키지 않는 줄 아는가? 그 소망을 받게 되면 우리가 이해할 수 없었던 하나님의 놀라운 사랑을 새로 이해하게 된다. 그 자체가 우리에게 보답이 된다. 그래서 절대 우리는 실망하지 않게 된다.

누군가는 이렇게 말할 수도 있다.

"어, 하나님께서 저는 실망시키시던데요? 열심히 건강관리를 했는데도 CT를 찍어보니깐 암 덩어리가 커졌어요."

참고로 나는 암에 걸렸지만 CT나 MRI를 찍어보지 않는다. 궁금하지 않기 때문이다.

난 내가 죽는다면 무엇 때문에 죽었는지 궁금하지 않다. 내가 궁금한 것은 '주님 앞에 섰을 때, 주님께 어떠한 평가를 받을 것인가'이다. 암 덩어리가 커졌다고 실망할 이유는 전혀 없다. 반대로 암이 작아졌다고 뛸 듯이 기뻐할 이유도 전혀 없다. 암이 커졌다고 당장 죽는 것도 아니고, 암이 작아졌다고 내가 건강해진 것도 아니기 때문이다.

내가 열심히 건강관리에 힘썼는데도 암 덩어리가 계속 커져서 죽게 되었다면, 나는 실망하지 않을 것이다. 왜냐하면, 나는 더 오래 살기 위해 건강관리를 하는 것이 아니니까. 나는 내가 신경 쓴다고 건강을 지킬 수 있다고 생각하지 않는다. 관리를 잘해도 암에 걸려서 돌아가시는 분들을 너무나 많이 봤다. 생명은 하나님께 달려 있다. 내 생명의 주관자가 하나님이심을 인정한다.

하지만 난 관리를 열심히 하려고 힘쓴다. 그것이 생명을 연장시켜준다고 믿어서가 아니다. 내가 암에 걸린 것을 알고 첫 번째 한 일은 성령이 거하시는 성전인 내 육체를 잘 돌보지 못한 것을 철저히 회개한 일이다.

너희는 너희가 하나님의 성전인 것과

하나님의 성령이 너희 안에 계시는 것을 알지 못하느냐

고린도전서 3장 16절

내가 건강관리를 열심히 하는 이유는 하나님의 청지기로서 하나님의 성전을 잘 관리하고자 함이지, 내가 건강관리를 잘하면 더 오래 살 것이라고 생각해서가 아니다.

나는 암에 걸리기 전부터도 항상 오늘 죽을지도 모른다는 생각으로 살았다. 내 노력으로 내 생명을 연장시킬 수 없다는 것을 알고 있다. 그래서 암이 계속 커져도 나는 실망하지 않는다. 수시로 암 덩어리에서 나는 피를 보거나 떨어져 나오는 살점을 보면서 그것이 매 순간 내 몸 속에 징그러운 암 덩어리가 있다는 현실을 계속 인식하게 하는데도 난 실망하지 않는다. 나에게 약속된 최후 승리가 있기 때문에, 그 승리로 가는 중간에 있는 걸림돌이 나를 실망시킬 수 없다.

하나님께서 우리 마음속에 그분의 사랑을 퍼부어주셨다. 그 변함없는 사랑 때문에 우리는 실망하는 일 없이 소망을 가질 수 있다. 우리가 느끼든 느끼지 않든 하나님께서는 우리를 변함없이 사랑하신다.

로마서 5장 5절에서 "하나님의 사랑이… 부은 바 됨이니"라고 한다. 한국어 표현으로는 평범하게 보이지만 원어로는 물이 덩어리째 쏟아지는 모습을 의미한다. 나는 이 구절에서 마치 폭포수처럼 쏟아지는 하나님의 사랑을 연상하게 된다. 그래서 항상 그냥 붓는 게 아니라 완전히 쏟아부어주는 주님의 사랑을 구한다.

우리가 낮에는 태양을 느끼고 밤에는 태양을 못 느껴도 그 태양은 늘 지구를 비추고 있다. 이처럼 하나님은 늘 나를 사랑하시는데 그걸 내가 느끼느냐 못 느끼느냐의 차이다. 그래서 우리는 하나님이 우리에게 너무 큰 사랑을 주시기 때문에 그 사랑으로 소망이 부끄럽지 않게 된다. 우리가 느끼지 못한다 해도 하나님께서는 언제나 동일하게 우리를 사랑하신다. 그 변함없는 사랑이 우리에게 소망을 준다.

내가 존경하는 피터수라는 중국 크리스천 리더가 있다. 그는 1990년대 후반에 3년 동안 감옥에서 아주 잔인하게 고문을 당했다. 그런데 그가 훗날 감옥에서 나와 고백하기를 "너무 성령이 충만해서 고통을 하나도 못 느꼈다"라고 했다. 나는 소망 때문이라고 믿는다.

우리는 이런 이야기를 들으면 '진짜 대단한 사람이다'라고 생각한다. 하지만 그렇지 않다. 로마서 5장 1절을 보면 '우리가 믿음으로 의롭다 하심을 받았다'는 말씀처럼 피터수나 우리나 똑같이 의인이 된 거다. 그 사람이 그렇게 살았다면 우리도 그렇게 살 수 있다. 앞으로 어떤 설교나 간증을 듣더라도 '우와!

부럽다'가 아니라 '아! 믿는다는 것은 저런 것이구나! 나도 저렇게 살 수 있다'는 마음으로 말씀을 적용해주기 바란다.

고난 속에 숨겨진 참 기쁨

그러나 내가 가는 길을 그가 아시나니
그가 나를 단련하신 후에는 내가 순금같이 되어 나오리라
욥기 23장 10절

우리 모두는 각자의 삶 속에서 고난을 겪고 있다. 수술 후유증 또는 항암과 방사선의 후유증으로 고통받는 이들도 있고 나처럼 암이 주는 통증 때문에 고통받는 이들도 있다. 또 경제적인 어려움을 겪는 이들도 있을 것이다. 당신이 지금 어떤 고통을 겪고 있는지 난 모른다. 하지만 하나님은 아신다.

난 당신이 "오삼오" 이 한 가지만 잊지 않고 기억하길 바란다. 로마서 5장 3-5절이다. 어려운 일이 닥칠 때마다, 정말 죽고 싶을 정도로 힘든 일이 닥칠 때마다, 하나님을 위해서 하고 있는 모든 일들을 그만두고 싶을 때마다, 이 세상에 혼자 남겨진 것처럼 느껴질 때마다, 아무도 내 고통을 몰라줄 때마다, 아무도 나를 도와주지 않을 때마다, 이 숫자를 기억하라. 성경을

퍼서 로마서 5장 3-5절을 읽으라.

> 그뿐만 아니라, 우리는 환난을 자랑합니다.
> 우리가 알기로, 환난은 인내력을 낳고,
> 인내력은 단련된 인격을 낳고, 단련된 인격은
> 희망을 낳는 줄을 알고 있기 때문입니다.
> 이 희망은 우리를 실망시키지 않습니다.
> 하나님께서 우리에게 주신 성령을 통하여
> 그의 사랑을 우리 마음 속에 부어 주셨기 때문입니다.
>
> 로마서 5장 3-5절, 새번역

이 말씀이 우리가 당하는 고통의 이유를 알게 해줄 것이다. 이 말씀이 계속 하나님을 위해 일할 힘을 줄 것이다. 이 말씀이 우리에게 위로를 줄 것이다. 이 말씀이 우리에게 희망을 줄 것이다. 더욱더 중요한 것은, 이 말씀이 고난 속에서도 우리에게 기쁨을 줄 것이다.

결론을 말하자면 모든 고난에 이유가 있고, 그 고난이 결국 축복이 되며 우리에게 인내와 영생을 준다는 것이다. 이것이 정말 중요하다. 인내 없이는 영생을 얻을 수 없다. 인내와 새로운 품성과 소망과 그 소망으로 절대 실패하지 않는 주님의 사랑을 이해하기 때문에 고난 중에 기뻐하고, 앞으로 힘든 일이 생겼을 때 쓴뿌리를 갖는 대신 감사와 기쁨으로 반응하라.

고난은 내가 혼자 극복하는 것이 아니다. 아버지께서 나를 붙들어주시고 함께 걸어가고 계신다. 하나님이 함께하심을 믿고 고난이 왔을 때 올바르게 반응해서 우리의 경주를 끝까지 다해, 천국에서 만나는 당신과 내가 되기를 주님의 이름으로 축복하며 기도한다.

사랑하는 딸
석경이에게

나는 요즘 네가 얼마나 보고 싶은지 길을 가다가도, 네가 좋아하는 과일을 보거나 그린 스무디 재료만 봐도 네 생각이 나서 눈물을 흘리곤 한단다. 엄마는 어디를 가도 네 생각에서 헤어나오지 못하고 있어. 40여 년간 불평 한 마디, 말대답 한 번 하지 않았던 네가 극심한 통증을 참지 못해 화를 내고는 곧 "엄마, 미안해. 엄마에게 왜 화를 내는지 모르겠어. 화를 내는 내가 미워"라고 했던 게 떠오를 때면 나도 모르게 또 울고 만다.

석경아, 너는 정말 나에게 소중한 딸이었어! 그러나 엄마는 너를 소중히 해야 할 만큼 소중히 여기지 못했고, 사랑해야 할 만큼 사랑하지 못했어. 너의 마음을 잘 보듬어주지도 못하고, 잘 돌보아주지도 못하면서 기대만 잔뜩 해서 부담만 준 거 같아 미안하구나. 이 엄마를 용서해다오. 늘 활달하고 쾌활했던 네가 고통으로 몸부림칠 때 못난 나는 "너를 안고 한강에 빠지고 싶다"고 했지. 너는 그런 와중에도 "엄마, 그러면 한강을 오염시킨 죄로 벌금을 내야 해"라고 하며 희미하게 웃었지.

3년간의 고통스럽고 치열한 삶 가운데서도 우리가 얼마나 하나님의 은혜를 누렸는지 떠올려본다. 위기 때마다 우리의 기도에 응답해주시며 너의 생명을 연장시켜주신 주님께 얼마나 감사하며 감격했었는지…. 잠을 전혀 자지 못할 때는 1시간만 자도 뛸 듯이 기뻐했고, 며칠에 한 번이라도 변을 보는 날이면 우리는 하루 종일 하나님의 은혜를 놀라워하며 즐거워했지. 무엇보다 마지막까지 네가 혼수상태에 빠지지 않았던 게 엄마는 얼마나 감사한지 모른다. 평소의 허스키한 목소리가 아닌 어릴 때의 맑고 투명한 목소리로 오빠의 품에서 "오빠, 가자. 하나 둘 셋!" 하며 이 세상을 떠난 모습이 생각할수록 감사하다. 그토록 놀랍게 너를 사랑해주신 하나님을 찬양한다.

너를 위해 기도하고 돕고 격려하고 위로해주신 분들을 생각하면서 엄마는 또 한 번 감사해. 특히 시카고 트리니티대학교의 Ingrid Faro 교수님은 하루도 빠지지 않고 미국에서, 때로는 네덜란드에서 전화로 기도해주셨지. 심지어 체코로 출장을 가는 길에 공항에서도 전화를 걸어 기도해주신 그 사랑을 추억하며 감사하고 있어. 아윤이, 권은주 선생님, 조상훈 목사님과 지구촌교회 최철준, 박춘광, 장재기 목사님 그리고 윤존선 선교사님, 박경진 선교사님, 김형윤 목사님까지 너를 위해 기도하며 격려해주셨던 많은 분들로 인해 그 힘들었던 시간을 잘 버틸 수 있었던 것 같아. 또 오륜교회 새벽이슬 청년들이 바쁜 중에도 먼 길을 마다하지 않고 달려와 교대로 조를 짜서 매일 너에게 마사지를 해주었던 일은 평생 잊지 못할 감사제목이란다. 네가 없는 지금도 많은 분들이 잊지 않고 찾아와서 너와 못다 한 교제의 끈을 이어가고 있어.

사랑하는 석경아, 엄마는 네가 떠난 후로 내가 피조물이라는 사실을 깊이 깨달았단다. 물론 전에도 알고는 있었지만, 깊이 인식하지는 못했었거든. 너는 생명 있는 모든 것을 사랑했지. 강아지를 비롯해서 동물들도 좋아하고 무엇보다 사람들과 함께하는 것을 무척 좋아했지. 어떤 이의 조그마한 호의에도 감사하며 감격했던 너를 보며 엄마는 참 놀라곤 했어. 너는 나에게 정말 큰 기쁨과 행복을 주었던 딸이야. 지금 이 땅에서의 너의 부재가 얼마나 나의 가슴을 시리게 하는지…. 네가 유학에서 돌아와 함께 지낸 3년의 시간은 나에게 가장 아름다운 추억이었고, 또 가장 가슴 아픈 추억이기도 하구나. 하지만 그 어떤 것보다 너를 나의 딸로 주신 주님께 감사드린다.

간증과 설교, 특강 등을 편집하여 책을 내주신 규장 출판사의 여진구 대표님과 최지설 팀장님 그리고 과분한 추천사를 써주신 이동원 목사님과 진재혁 목사님, 신갈렙 선교사님 외 여러 분들께 너를 대신해 깊은 감사의 마음을 전할게. 그렇게 책을 쓰고 싶어 했던 너의 기도에 주님이 이렇게 신실하게 응답해주셨구나.

사랑하는 딸 석경아,
너는 엄마의 기쁨이고 행복이고 축복이었어!
우리 천국에서 다시 만나자!

2016년, 10월의 어느 날
여전히 너를 그리워하는 엄마가

당신은 하나님을 오해하고 있습니다

초판 1쇄 발행   2016년 10월 31일
초판 24쇄 발행   2024년 10월 31일

지은이   유석경

펴낸이   여진구
편집   이영주 박소영 최현수 구주은 안수경 김도연 김아진 정아혜
책임디자인   마영애 노지현 조은혜
홍보 · 외서   진효지
마케팅   김상순 강성민   **마케팅지원**   최영배 정나영
제작   조영석 허병용   **경영지원**   김혜경 김경희

303비전성경암송학교 유니게 과정
이슬비전도학교 / 303비전성경암송학교 / 303비전꿈나무장학회

펴낸곳   규장

주소 06770 서울시 서초구 매헌로 16길 20(양재2동) 규장선교센터
전화 02)578-0003   **팩스** 02)578-7332
이메일 kyujang0691@gmail.com   **홈페이지** www.kyujang.com
페이스북 facebook.com/kyujangbook   **인스타그램** instagram.com/kyujang_com
카카오스토리 story.kakao.com/kyujangbook
등록일 1978.8.14. 제1-22

ⓒ 저자와의 협약 아래 인지는 생략되었습니다.
이 출판물은 저작권법에 의해 보호를 받는 저작물이므로 무단 전재와 무단 복제를 할 수 없습니다.

책값 뒤표지에 있습니다.
ISBN 978-89-6097-474-6   03230

규 | 장 | 수 | 칙

1. 기도로 기획하고 기도로 제작한다.
2. 오직 그리스도의 성품을 사모하는 독자가 원하고 필요로 하는 책만을 출판한다.
3. 한 활자 한 문장에 온 정성을 쏟는다.
4. 성실과 정확을 생명으로 삼고 일한다.
5. 긍정적이며 적극적인 신앙과 신행일치에의 안내자의 사명을 다한다.
6. 충고와 조언을 항상 감사로 경청한다.
7. 지상목표는 문서선교에 있다.

하나님을 사랑하는 자 곧 그의 뜻대로 부르심을 입은 자들에게는 모든 것이 合力하여 善을 이루느니라(롬 8:28)

Member of the
Evangelical Christian
Publishers Association

규장은 문서를 통해 복음전파와 신앙교육에 주력하는 국제적 출판사들의
협의체인 복음주의출판협회(E.C.P.A:Evangelical Christian Publishers
Association)의 출판정신에 동참하는 회원(Associate Member)입니다.